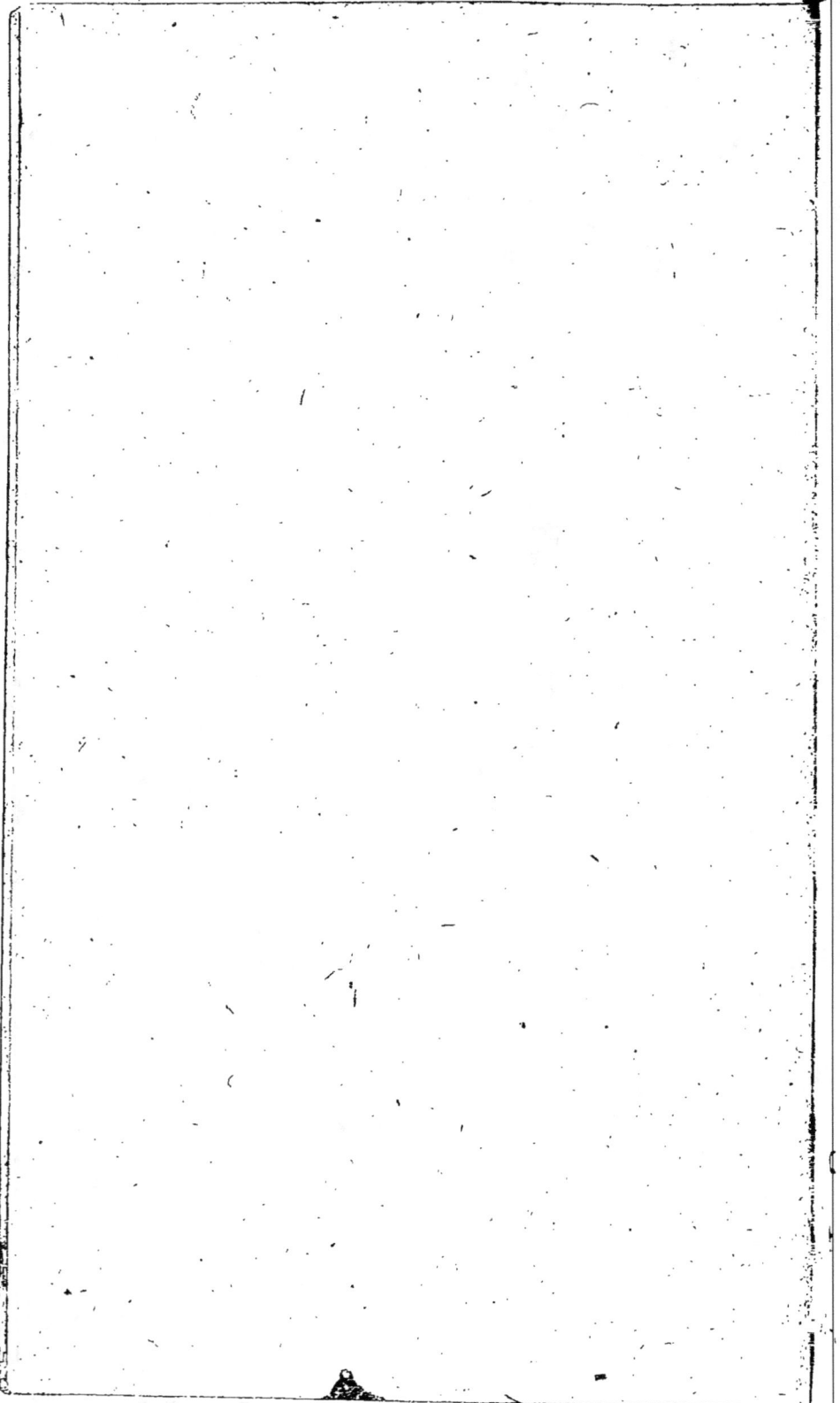

GRAMMAIRE FRANÇOISE

PHILOSOPHIQUE,

OU

TRAITÉ COMPLET

Sur la PHYSIQUE, sur la MÉTAPHYSIQUE, & sur la RHÉTORIQUE DU LANGAGE qui règne parmi nous dans la société.

Par M. D'AÇARQ, de la Société littéraire d'Arras, ci-devant Professeur de Langue & de Belles-Lettres Françoises à l'École-Royale-Militaire.

A GENEVE,

Et se trouve à PARIS,

Chez { MOREAU, rue Gallande.
       LAMBERT, rue de la Comédie Françoise.

M. DCC. LX.

A MONSIEUR

LE MARQUIS

DE MARIGNY,

Secretaire Commandeur des Ordres du Roi, Directeur & Ordonnateur général des Bâtimens, Jardins, Arts, Académies & Manufactures de France.

MONSIEUR,

Nos neveux se plairont à célébrer le règne du Prince adoré pour qui les artistes fameux de ce siècle auront travaillé sous vos auspices avec une heureuse rivalité. Les chefs-d'œuvres de ces hommes illustres transmettront votre gloire à la postérité qui cherchera le principe des effets, qui voudra sçavoir le nom de celui que le sage Monarque avoit honoré de son choix pour échauffer le génie, pour exciter l'émulation, pour diriger les efforts de nos Apelles, de nos Phidias & de nos Vitruves.

La protection que vous accordez aux lettres & à ceux qui s'y consacrent ne sera pas le dernier trait de votre éloge. Quiconque, à votre exemple, n'use de son crédit que pour encourager les divers talents, est le bienfaiteur de la société, où les connoissances qu'on a injustement accusées de corrompre les mœurs ne font que maintenir l'humanité, la douceur, l'harmonie, l'amour du travail père de l'innocence & de la paix.

Il existe une affinité marquée entre tous les arts. Celui de la parole est le premier, le plus commun, le plus utile, le plus surprenant; il est en quelque façon divin. C'est celui sur lequel j'ai fait le plus d'observations, & que j'essaie de développer dans ma Grammaire Françoise philosophique.

Je m'y propose pour but principal de détruire une des causes générales de nos erreurs, qui consiste dans l'abus que l'on fait de l'énonciation en attachant à la même expression différentes idées; d'où il suit nécessairement qu'on se trompe, en croyant s'entendre lorsqu'on s'entend le moins.

La vérité ingénue qui fait votre caractère, & que vous conciliez, *MONSIEUR*, avec la prudence la plus consommée, me détermine à vous dédier mon ouvrage, qu'on ne manqueroit pas de trouver bon, s'il vous avoit paru tel. De quelque manière qu'il soit reçu du public, il me fera toujours honneur ; il m'aura fourni une occasion naturelle de rendre à vos lumières & à votre goût un hommage aussi simple que sincère.

Je suis avec le plus profond respect,

MONSIEUR,

Votre très-humble & très-obéissant serviteur,
D'AÇARQ.

AVERTISSEMENT.

Mon Difcours préliminaire fur la langue Françoife qui a paru depuis peu dans l'*Année littéraire*, préfente un petit tableau, où l'on voit la manière dont je me propofe de procéder dans l'exécution d'une *Grammaire Françoife philofophique*, à laquelle je travaille, il y a plufieurs années, d'après les obfervations des plus grands maîtres, & d'après les miennes propres que j'ofe quelquefois hazarder. Ce difcours que je prononçai le jour que j'eus l'honneur de donner ma première leçon à l'Ecole-Royale-Militaire, je juge à propos de le faire réimprimer ici, parce qu'il eft fait pour fervir de préface à l'entreprife que j'ai formée.

M. PARIS DE MEYZIEU, reconnu dans la fociété pour un homme des plus fincères & des plus aimables, dans la république des lettres pour l'homme du goût le plus décidé & le plus délicat, dans l'ordre des fçavants pour avoir l'érudition la plus vafte & la plus variée, m'appella, il y a près de deux ans, à un examen que fubiffoient fur la langue Latine MM. les Elèves de l'Ecole-Royale-Militaire. A la fuite de cet exercice dont je vis le triomphe, j'en caufai même une partie en faifant les queftions les plus intéreffantes & les plus difficiles, queftions auxquelles on répondit toujours avec la plus grande précifion ; M. PARIS DE MEYZIEU crut devoir m'attacher aux études qu'il dirigeoit avec tant de fupériorité : il créa une place effentielle qui manquoit, celle de *Profeffeur de Langue* & de *Belles-Bettres Françoifes*. Tels autrefois les fages d'Athènes & de Rome établirent des maîtres chargés d'enfeigner, principalement aux nationaux, le Grec & le Latin. J'ai

rempli mon poſte ſans reproche &
même avec une ſorte de diſtinc-
tion ; c'eſt ce qui eſt atteſté par les
certificats que le Conſeil de l'Ecole-Royale-Militaire, & M. Paris de
Meyzieu ont bien voulu me dé-
livrer.

C E R T I F I C A T

du Conſeil de l'Ecole-Royale-Militaire.

*Nous Secrétaire du Conſeil… de
l'Ecole-Royale-Militaire, en conſéquence
de l'ordre qui nous en a été donné, certi-
fions que M. d'Açarq a été remercié de
la place de Profeſſeur de Grammaire Françoiſe qu'il rempliſſoit dans l'Hôtel depuis
huit mois, par une ſuite d'arrangements gé-
néraux décidés par le miniſtre pour une réforme néceſſaire aux intérêts de l'Hôtel,
& ſans aucun motif perſonnel qui puiſſe
nuire à quelque égard que ce ſoit audit
ſieur d'Açarq. Le 30 juin 1760. Darget.*

A v

CERTIFICAT
de M. PARIS DE MEYZIEU.

Je certifie que M. d'Açarq, Profeſſeur de langue & de Belles-Lettres Françoiſes à l'Ecole-Royale-Militaire, depuis environ huit mois qu'il y eſt, a toujours juſtifié l'opinion qu'on avoit de ſes talents, de ſa capacité & de ſes mœurs, opinion fondée ſur une réputation trop connue du public éclairé pour que mon témoignage puiſſe y ajouter quelque choſe ; & ce n'eſt que pour ſa ſatisfaction particulière que je lui délivre un Certificat que le bruit de ma retraite l'a engagé à me demander. Fait à l'Hôtel le 2 mai 1760.

PARIS DE MEYZIEU, Directeur général des études.

Si je ne me fuſſe pas trouvé compris dans la réforme des dix-huit maîtres faite à l'Ecole-Royale-Militaire le 11 juin dernier, mon intention étoit de donner mes Réflexions ſur notre langue ſous le titre de *Cours complet de leçons ſur la langue Françoiſe.* Cette réforme m'ayant entraîné dans la chûte commune, je reviens à ma première idée qui étoit d'intituler mes Réflexions *Grammaire Françoise philosophique*, ou *Traité complet sur la physique, sur la métaphysique, & sur la rhétorique du langage qui règne parmi nous dans la société.* Le titre sera différent, qu'importe ? la chose sera la même.

Pourquoi augmenter le nombre des grammaires sur notre langue ? n'en avons-nous pas de bonnes ? n'en avons-nous pas plusieurs qui le sont ? celle de l'abbé Regnier n'est-elle pas pleine d'érudition ? celles de l'abbé Girard & du P. Buffier ne contiennent-elles pas des vues ? peut-on rien imaginer de plus méthodique que celle de M. Restaut, &c. ?

Nous avons plusieurs grammaires sur la langue Françoise; *la grammaire de la langue Françoise* nous ne l'avons peut-être pas encore.

A vj

Cette grammaire, quand elle existe-
ra, sera exacte, complette, analogue
au seul génie de notre idiôme, &
renfermera la logique du langage
national. C'est une grammaire de
cette sorte que je voudrois ajouter
à toutes les grammaires que nous
avons déja, en profitant de ce qu'il
y auroit à prendre dans celles-ci,
& il y auroit beaucoup à prendre.
Elles épargneroient l'une une peine, l'autre une autre, toutes quelqu'une. Il n'y auroit qu'à consulter
toujours le *génie, l'analogie, l'u-
sage,* & qu'à considérer sans cesse
les parties constitutives de chaque
proposition.

Une grammaire faite sur ce plan
seroit nécessaire, nationale, nouvelle : celui qui l'auroit composée
auroit travaillé pour ses conci-
toyens, sans imiter la foule de nos
grammairiens copistes qui semblent
n'écrire que pour instruire superfi-
ciellement les étrangers, & dont

les derniers en date ne font à peu
de chofe près que les échos fouvent trop fidèles de ceux qui les
ont devancés dans la même carrière. Nous voyons éclore fuccef-
fivement quatre, cinq, fix grammaires fur notre langue, où les ſté-
riles auteurs nous apprennent uni-
quement qu'ils ont lu & tranf-
crit les grammaires antérieures que
nous retrouvons dans les leurs.

J'ai fouvent oui dire au meilleur métaphyſicien que j'aie con-
nu, qu'il falloit tout lire juſqu'aux
productions les plus plattes & les
plus barbares, parce que rien de
ce que nous faifons n'eſt entièrement mauvais, comme nous ne faifons rien d'entièrement bon; &
qu'on accroîtroit toujours ſon exiftence, ne rencontrât-on qu'une
idée à joindre à ſes idées, ou une
expreſſion à ſes expreſſions. Il feroit
à fouhaiter pour tous tant que nous
fommes qui nous mêlons d'écrire,

que la fage maxime de M. Dumar-
fais, qui cependant a befoin de cor-
rectif, fût généralement adoptée.

Je n'ai garde de croire que la
Grammaire françoife philofophique
que j'annonce fera entièrement
bonne, je crois pouvoir avancer
qu'elle ne fera pas entièrement
mauvaife. Je ne me livrerai ni à un
refpect idolatrique, ni à un mépris
fourcilleux pour nos plus habiles
grammairiens ; l'un & l'autre parti,
mais furtout le dernier, me rendroient ridicule, à l'exemple de
l'auteur d'une préface nouvelle qui
à l'étonnement de tous les fçavants
indignés fe confume en puériles
efforts pour démontrer que *Sanctius, Scioppius, Voffius,* &c.
n'ont jamais entendu le latin. J'i-
miterois en quelque forte cet auteur inconnu & digne de l'être, fi
je m'efforçois de prouver que M.
l'abbé d'*Olivet,* M. *Duclos,* M.
Harduin, &c. n'entendent pas le
François.

✶✶✶✶✶✶✶✶✶✶✶✶✶✶✶

DISCOURS
PRÉLIMINAIRE
SUR
LA LANGUE FRANÇOISE,
Pour fervir de Préface à la *Grammaire Françoife philofophique.*

MESSIEURS,

LA première qualité d'une langue, c'eſt la netteté ; la ſeconde qualité, c'eſt la netteté ; la troiſième qualité, c'eſt la netteté encore : ce ſont les termes de *Quintilien* que je puis emprunter pour caractériſer notre langue. Parmi les langues vivantes, ſi l'on en juge avec impartialité, elle tient, ſans contredit, le premier rang. Elle eſt comparable, à bien des égards, & peut-être même ſupérieure à la langue Latine, à laquelle on doit attribuer toujours plus de variété & ſouvent plus de conciſion, mais

aufli toujours moins de précifion & peut-
être moins de fécondité. Les noms fe
déclinent en Latin , & ne fe déclinent
pas en François ; en François il ont toujours la même définence au nombre
fingulier , & ils ont pareillement identité
de définence au nombre pluriel. La
différence entre le pluriel & le fingulier confifte dans la lettre *s* qu'on ajoute
communément au fingulier. Les différentes définences des noms fervoient ,
dans la langue Latine , à énoncer les
différents points de vue fous lefquels
l'efprit confidéroit les objets ; ces différents points de vue font marqués en
François par la *pofition des noms* , par les
prépofitions , & par les *diverfes infléxions
de nos verbes* qui fe conjuguent. Combien de François , même bien nés ,
ignorent cette marche qui fait le fond
de notre langue ! on parle , même on
parle bien par routine, par habitude ,
par hazard ; on s'énonce jufte fans fçavoir pourquoi on s'énonce ainfi ; ce qui
expofe à s'énoncer mal fans fçavoir encore le pourquoi. On flotte de la forte
entre le bien & le mal en fait d'énonciation, parce qu'on n'a aucun principe
pour difcerner l'un d'avec l'autre : in-
convénient dans lequel ne tomberoit

pas celui qui s'appliqueroit à étudier fa propre langue. Il femble qu'on ne la néglige parmi nous que parce que c'eft la langue naturelle ; c'eft précifément la raifon qui devroit porter à l'approfondir davantage, pour qu'on la poffédât mieux, & qu'on l'altérât moins dans l'ufage habituel qu'on en fait. Quelle gloire pour la langue Françoife que les illuftres étrangers, faits pour honorer les lettres & pour en être honorés, trouvent leur plaifir dans ce lien de notre fociété ! quelle honte pour notre nation que les étrangers foient plus verfés que nous-mêmes dans notre langue, qu'ils feroient en état de nous apprendre & qu'ils ne devroient avoir apprife que de nous ! Qu'elle eft tendre & harmonieufe cette langue fous la plume de *Quinault* ! qu'elle eft riante & fléxible fous celle de *Fénélon* ! qu'elle eft noble & fublime fous celle de *Boffuet* ! qu'elle eft riche & pompeufe fous celle du *Virgile François* ! qu'elle eft fimple & naïve fous celle de notre *Phèdre* ! qu'elle eft rapide & véhémente fous celle de notre *Pindare* ! qu'elle eft nerveufe & laconique fous celle de notre *Théophrafte* ! D'après le tableau que je viens de vous tracer, Meffieurs, & de l'eftime qu'ont pour notre langue les peuples qui nous entourent, & des qualités qui la caractérisent, ne seroit-ce point vous faire une injure que de vous soupçonner d'envisager d'un œil indifférent l'étude de la langue nationale ? Autant qu'il est beau de sçavoir les langues vivantes étrangères, autant est-il honteux d'ignorer sa propre langue, quelque carrière qu'on ait à fournir. Eh ! ne vous imaginez point que l'étude de la langue maternelle soit une occupation qui puisse dégrader des hommes tels que vous, destinés à soutenir le trône, & à défendre la patrie : *César*, ce nom seul excite l'idée de la bravoure & de l'éloquence, *César* ne fut pas moins le favori de *Minerve* que celui de *Mars :* un guerrier qui ne sçait que remporter des victoires n'est utile qu'à un petit nombre d'hommes, & fait des malheureux : un guerrier qui sçait vaincre & écrire ses propres exploits, rend service à tous les siècles qui s'écouleront, il instruit toute la postérité.

Il me semble que j'entends dire : *Pourquoi étudier ce qu'on sçait ? On sçait sa langue, puisqu'on la parle....*

Observez avec moi qu'il y a quatre manières de sçavoir une langue ; on la

fçait machinalement, on la fçait mo-
ralement, on la fçait phyfiquement ,
on la fçait métaphyfiquement. *Machinalement* , c'eft la manière du peuple ,
elle ne vaut rien ; l'ufage qu'elle fuit
eft plutôt un abus qu'un ufage. *Mora-
lement* , c'eft la manière de la plupart
des hommes & des femmes les mieux
nés qui n'étudient point, ou qui n'étudient que fuperficiellement. Elle eft
erronée, elle n'eft conforme à l'ufage
qu'en partie. *Phyfiquement*, c'eft la manière des hommes & des femmes bien
inftruits ; elle eft exacte. C'eft l'ufage
conftant, faifi & obfervé dans la pratique. Par un vice de l'éducation qu'on
donne aux femmes, peu d'entr'elles ,
malgré toutes les difpofitions néceffaires , parviennent à ce degré. *Métaphyfiquement*, c'eft la manière des grands
maîtres dont le nombre eft très-petit, elle
eft la meilleure. C'eft l'ufage conftant,
faifi , *approfondi* , & *développé* ; c'eft le
comment & le *pourquoi* de l'ufage , toutes les fois que ce *comment* & ce *pourquoi* ont lieu.

Faire marcher parallèlement l'art de
parler & l'art de penfer , confidérer
les fons & les mots ifolés comme fignes
des perceptions fimples , les fons & les

mots affemblés comme fignes des juge-
ments ; tout ce qu'on entend dire , tout
ce qu'on dit foi-même , & tout ce qu'on
lit , le réduire à la *propofition* ; aller du
fujet à l'attribut de la propofition , re-
venir de l'attribut au fujet ; les apper-
cevoir l'un & l'autre , foit que la conftruction pleine les ait exprimés tous les
deux , foit que la conftruction ellipti-
que en ait fupprimé l'un entièrement,
& une partie de l'autre encore ; diftin-
guer les caufes matérielles & les caufes
formelles du difcours ; les caufes *matérielles* qui ne font autre chofe que les
préliminaires de la fyntaxe , ou les parties d'oraifon ; les caufes *formelles* qui
s'identifient avec la fyntaxe , ou avec les
fignes de la corrélation qui fe trouve
entre les mots ; connoître tous les fons
de la langue , & toutes les manières de
peindre un même fon , (l'*orthographe*)*;*
décider quel degré d'élévation ou d'a-
baiffement il faut donner à la voix en
prononçant une fyllabe , & combien
il faut être de temps à la prononcer ,
(la *profodie*) ; remarquer fi un mot eft
originairement national ou étranger ,
afin qu'en remontant à la fource on y
puife une notion certaine de fa valeur
propre (l'*étymologie*) ; déterminer enfin

dans quel fens les mots font pris, pour
qu'on ne foit point induit en erreur en
confondant le fens propre avec le fens
figuré (les *tropes*) : ce n'eft qu'en pof-
fédant tout cet enfemble qu'on peut fe
flatter de poff'éder une langue.

Qui d'entre nous, Meffieurs, oferoit
maintenant affurer qu'il n'a aucune forte
d'étude à faire relativement à la langue
Françoife ? Il feroit aifé de démontrer
que l'homme de France, qui a médité
le plus fur notre langue, ne fçait pas
la douzième partie des mots qui la com-
pofent. Dans une même langue il y a
plufieurs langues; celle de l'artifan, celle
de l'artifte, celle du fçavant, & la langue
de ceux qui ne font dans aucune de ces
trois fphères, la langue du citoyen. Ces
trois premières langues, qui n'entrent
pas dans notre plan, font au moins les
onze douzièmes de la langue entière.
La quatrième forte de langue fera l'objet de nos travaux communs. *La phyfique, la métaphyfique,* & la *rhétorique*
du langage qui règne dans la fociété :
voilà, dans fa gradation naturelle, le
fommaire de notre cours complet.

La *phyfique* du langage, foit des li-
vres, foit de la cour, foit de la ville,
foit de la province, ou la *pratique :* la

métaphyfique du langage, ou la *théorie :*
la *rhétorique* du langage, ou les *agréments*
affortis qu'une théorie lumineufe permet
de répandre fur l'exacte pratique . . . . .
Tels font les points fur lefquels nous
nous propofons de vous inftruire en
fimples hiftoriens de *l'état actuel* de
notre langue. Je dis de *l'état actuel ;*
car quoiqu'il nous importe fouvent d'entendre ceux qui nous ont devancés , il
nous importe toujours beaucoup plus
d'entendre nos contemporains ; il faut
que nous les entendions & que nous en
foyons entendus : double intérêt qui
doit nous engager à confidérer notre
langue dans fa fituation préfente. Nous
vous entretiendrons moins de ce qu'elle
a été, de ce qu'elle pourroit & devroit
être, de ce que nous fouhaiterions qu'elle fût, de ce qu'elle n'eft point , que de
ce qu'elle eft dans fon *actualité* , fi je
puis parler ainfi. Cette *actualité* , nous
la prendrons dans l'autorité, c'eft-à-dire,
dans le témoignage des arbitres de notre
littérature , lorqu'il y aura ambiguité
dans les réponfes de l'oracle ordinaire ,
l'ufage conftant. Nous croyons qu'il faut
vous donner une idée de *l'art de penfer*
avant que de vous enfeigner *l'art de par-*
ler , parce que la parole eft la peinture de

la penfée; & que, pour bien peindre un objet, il eft néceffaire de commencer par le bien entendre. Nous croyons pareillement qu'il faut vous donner une idée des fons de la langue avant que de vous apprendre à les repréfenter, parce que l'orthographe eft l'image de l'orthologie, & qu'on ne doit, en cette matière, frapper les yeux que de ce qui a d'abord frappé l'oreille. La langue *parlée* a exifté avant la langue *écrite :* la langue *parlée* eft la chofe fignifiée ; la langue *écrite* en eft le figne. Il convient de n'inftruire fur le *figne* qu'après avoir inftruit fur la *chofe*.

L'analogie eft un point tout à fait négligé auquel nous ferons une attention particulière. *L'analogie* eft une proportion, une reffemblance, une approximation : *analogie* de lettres, *analogie* de mots, *analogie* de phrafes. *Analogie* de lettres entre les articulations foibles & les articulations fortes : *analogie* de mots entre les mots dérivés & les primitifs, entre les mots fimples & les compofés. *Analogie* de phrafes fe réduifant toujours ou à *l'ellipfe*, ou au *pléonafme*, ou à *l'inverfion*, ou à la *fyllepfe*, ou à *l'attraction*, ou à *l'imitation*. *Analogie* des lettres, des mots, & des phrafes d'une même langue : *analogie* de lettres , de mots & de phraſes parmi les langues différentes. *Analogie*, moyen propre pour expliquer les accidents des mots, les idiotiſmes , & les obſcurités apparentes du langage. Nos leçons feront préparées avec ſoin & données avec zèle. Pourvu que vous les écoutiez avec attention , Meſſieurs, vous les prendrez avec fruit ; nous ne vous demandons que la bonne volonté ; vos diſpoſitions feront le reſte.

GRAMMAIRE

GRAMMAIRE
FRANÇOISE
PHILOSOPHIQUE,

Ou Traité complet sur la Physique, sur la Métaphysique, & sur la Rhétorique du Langage qui règne parmi nous dans la société.

PREMIER TRAITÉ.

Du Nom.

Tout ce qui concerne le nom se réduit à sa *nature*, à sa *division*, & à ses *accidents*.

De la NATURE du nom.

Les mots, soit écrits, soit prononcés, ne signifient quoique ce soit que par une institution purement arbitraire. Tous les mots sont les signes convenus ou

B

de ce que nous penfons, ou des objets auxquels nous penfons.

Le nom eft un mot qui défigne un objet, foit phyfique, foit métaphyfique de notre penfée. Tout objet de notre penfée eft ou un *individu*, ou une *efpèce*, ou un *genre*... *Individu* c'eft ce qui ne fçauroit être divifé en un autre lui-même, fans ceffer d'être ce qu'il eft. Ce fufil, fi vous le divifez, ne fera plus ce fufil; l'idée qui vous le repréfente ne vous offre que lui, & ne renferme point d'autres individus qui lui foient fubordonnés... *Efpèce* dit certaines qualités communes à plufieurs *individus*; *chien* eft un nom d'efpèce, parce qu'il convient à tous les chiens particuliers, dont chacun eft un individu femblable en certains points effentiels à tous les autres *individus*, qui, à caufe de cette reffemblance, font de la même *efpèce*, & ont entre eux un nom commun, *chien*... *Genre*, qui eft plus étendu qu'*efpèce*, comprend chaque *individu* de toutes les efpèces différentes, fubordonnées à ce genre, & marque la reffemblance de chaque individu des différentes efpèces. *Animal* fe dit du *chien*, du *cheval*, du *lion*, &c.: *animal*, c'eft ce qui *végète*, ce qui eft *vivant*, ce qui *fe meut*, ce qui a des *fenfations*.

Le *chien* , le *cheval* , le *lion* , &c , végètent , font *vivants* , *se meuvent* , ont
des *sensations* : ce sont conféquemment
des animaux. Le *chien* , le *cheval* , le
lion , &c , fe reffemblent par la *végétation* , par la *vie* , par le *mouvement* , par
les *sensations* ... L'homme *végète* auffi ,
eft *vivant* , *se meut* , &c. : il eft donc *animal*. Il faut obferver que les efpèces fubordonnées à leur genre font diftin-
guées les unes des autres par quelque
propriété effentielle. L'efpèce humaine
eft diftinguée de l'efpèce des *brutes* par
la raifon ; les oifeaux font diftingués
des autres animaux par les plumes & par
les ailes , &c. : le caractère diftinctif de
chaque efpèce eft ce qu'on appelle *différence*. On remonte de l'individu au genre fuprême ; *médor* , individu ; *chien* ,
efpèce ou reffemblance entre les chiens ;
animal , genre ou reffemblance entre les
efpèces différentes , entre le *chien* , le
cheval , le *lion* , &c. *Etre* , genre fuprême , ou propriété la plus étendue , ou
reffemblance entre tous les individus ,
foit animés , foit inanimés ; médor *eft* ,
chien *eft* , animal *eft* , marbre *eft* , &c...
la nature ne nous montre que des êtres
finguliers , des individus. J'ai commencé par voir un individu dont *médor* étoit.

le nom : j'ai vû enſuite d'autres individus reſſemblants au premier, individus
portant d'autres noms, ou ſans nom particulier ; la reſſemblance de tous ces individus c'eſt ce que nous appellons *eſpèce*. J'ai vû enſuite d'autres individus,
oiſeaux, *poiſſons*, &c, reſſemblants à
tous ceux-là par quelques endroits, par
la *végétation*, par la *vie*, par le *mouvement*, par les *ſenſations*, & différents
d'eux par des propriétés diſtinctives,
comme *plumes*, *aîles*, *écailles*, &c. :
c'eſt le *genre*. J'ai vû enfin des individus
reſſemblants à tous les autres ſans exception, par la ſeule propriété *d'être*,
l'orme de ſaint Gervais, la *fontaine des
Innocents*, &c. Cette reſſemblance de
tous les individus, par la ſeule propriété
d'être, s'appelle *genre ſuprême*.

De la DIVISION du nom.

Le nom, ainſi que nous l'avons dit,
eſt un mot qui déſigne un objet de notre
penſée. L'objet de notre penſée, ce que
notre eſprit voit, eſt ou un *individu*,
ou une *eſpèce*, ou un *genre* : c'eſt pourquoi le nom ſe diviſe d'abord en nom
individuel, en nom *ſpécifique*, & en nom
générique. *Médor* eſt un nom *individuel* ;
chien, un nom *ſpécifique* ; *animal*, un
nom *générique* ; *être*, le nom *générique*

le plus étendu : mais comme *l'individu ,* *l'efpèce* & le *genre* font préfentés ou fans qualité , ou avec quelque qualité qui les modifie , le nom fe divife encore en *fubftantif* & en *adjeĉtif*. Le nom *fubftan-tif* défigne ou un *individu ,* ou une *efpèce ,* ou un *genre* fans qualificatif ; *médor ,* *chien , animal* ... Le nom *adjeĉtif* défigne la manière d'être du nom *fubftantif ,* ou le nom *fubftantif* modifié ; *bruyant* médor , chien *fidèle , bel* animal. Dans le difcours le fubftantif s'emploie fouvent fans adjeĉtif ; il n'y a aucun fubftantif fans adjeĉtif dans la nature , dans la réalité , parce que tout ce qui eft a une manière d'être. Tout ce qui eft corps eft ou quarré , ou rond , ou triangulaire , &c. Tout ce qui eft corps a , en un mot , une figure quelconque. Nous ne parlons point de l'efprit , parce que nous n'en connoiffons pofitivement que l'exiften-ce , nous n'en connoiffons la nature que négativement ; c'eft-à-dire , que nous fçavons feulement que la nature de l'ef-prit n'eft pas la nature du corps.

Des *ACCIDENTS* du nom , *foit fubftantif,* *foit adjeĉtif.*

Le nom , foit fubftantif , foit adjec-tif, a pour accidents ; 1°, le *fens propre*

& le *sens figuré* ; 2° , le nombre ; 3° , le genre. Tout mot a d'abord la propriété de fignifier ; les obfervations particulières faites fur cette propriété ont donné lieu à ce qu'on appelle *accidents* : *accident*, c'eft un être qui eft dans un autre comme dans fon fujet.

Des accidents du nom fubftantif.

1°. *Sens propre*, & *fens figuré* du nom fubftantif... *Sens propre* d'un mot, c'eft un mot employé pour repréfenter un objet, pour la repréfentation duquel il a été d'abord inftitué.

Sens figuré d'un mot, c'eft un mot employé par imitation & par difette, pour défigner un objet, pour la défignation duquel il n'a pas été inftitué d'abord.

Le nom fubftantif *lion* eft pris dans le fens propre, lorfqu'on dit *le lion eft le plus courageux des quadrupèdes.*

Le même fubftantif *lion* eft pris dans le fens figuré, lorfqu'on dit *cet homme eft un lion* ; cet homme n'eft un lion que parce qu'il imite le lion par fon courage.

Il en eft ainfi de la plupart des autres fubftantifs qui ont pareillement un *fens propre* & un *fens figuré.*

2°. *Nombre.* Nombre grammatical dit
ou *unité ſeule* , ou unité ajoutée à d'autres unités. Unité ſeule fait le *nombre
ſingulier* ; unité ajoutée à d'autres unités,
c'eſt ce qu'on appelle le *nombre pluriel.*
Mon frère eſt venu ; *frère* ſubſtantif dans
cette phraſe , énonce le nombre ſingulier , parce qu'il s'y agit d'une ſeule unité de frères. Mes trois frères ſont venus ;
le mot *frères* ſubſtantif dans cette pro-
poſition , marque le nombre pluriel ,
parce qu'il s'y agit d'une unité de frères
ajoutée à une unité de frères , & puis
encore à une unité de frères.

3°. *Genre.* Genre , nous l'avons déja
dit , eſt la reſſemblance entre les individus de pluſieurs eſpèces qui different
les unes des autres par des propriétés
diſtinctives... Parmi les noms ſubſtantifs , les uns ont un genre de *ſignification* ,
les autres un genre *d'adaptation.* Le genre de *ſignification* forme , d'un côté , la
claſſe des mâles d'une eſpèce , c'eſt ce
qu'on appelle le *genre maſculin* ; & de
l'autre , la claſſe des femelles , c'eſt le
genre féminin. *Jean* , individu mâle ;
homme , eſpèce mâle : *Jeanne* , individu
femelle ; *femme* , eſpèce femelle : c'eſt à
quoi ſe réduit le genre grammatical qui
convient à l'eſpèce humaine ; c'eſt un

genre de *fignification*, un genre qui dénote, foit les individus, foit l'efpèce
mâles ou femelles... *Médor*, individu
mâle ; *chien*, efpèce mâle ; *diane*, individu femelle ; *chienne*, efpèce femelle ;
en cela confifte le genre de *fignification*
qui regarde, foit les individus, foit l'efpèce de ces brutes, que nous confidé-
rons comme le fymbole de la fidélité...
Puifqu'il n'y a ni mâles ni femelles pro-
prement dits parmi les êtres inanimés,
ces êtres devroient appartenir au genre
neutre, c'eft-à-dire, que ne pouvant appartenir ni au genre mafculin, ni au
genre féminin, ils devroient être ran-
gés dans une claffe féparée ; cependant
les fubftantifs inanimés, *chapeau*, *table*,
font le premier du genre mafculin, le
fecond du féminin ; c'eft ce que nous
nommons genre *d'adaptation*. On a
adapté à ces fubftantifs, & aux autres
de cette nature, le genre mafculin ou
le genre féminin, fans d'autres raifons
probablement que la néceffité de leur
annexer les noms adjectifs, qui, dans
notre langue, n'ont que la terminaifon
mafculine & la féminine, & auxquels
l'ufage fait toujours prendre la terminaifon deftinée au genre du nom fubftantif, lequel conféquemment doit en avoir

un pour indiquer au nom adjectif une terminaison plutôt qu'une autre.

D'où & comment se forme le PLURIEL des noms substantifs ? Existe-t-il des signes auxquels on reconnoisse qu'un nom sub-stantif est du genre masculin, ou du genre féminin ? Et quels sont-ils ces signes ?

L'examen de ces deux articles ne peut être que d'une très-grande uti-lité.

Pour mettre de l'ordre dans cet exa-men , nous considérerons que tous les noms substantifs de notre langue se ter-minent au nombre singulier, ou par une voyelle quelconque, ou par la consonne *s*, ou par une consonne autre que celle-là. Selon la règle générale, les conson-nes *s* ou *x* sont les caractéristiques du nombre pluriel des noms de notre lan-gue.

La langue Françoise a très-peu de noms substantifs terminés en *a*, encore sont-ce des termes d'art, comme *falba-la*, expression de marchandes de mode; *quinola*, terme du jeu de reversis ; *quin-quina*, écorce d'arbre ; *brouhaha*, bruit confus & tumultueux ; *opéra*, tragédie chantée, dansée & peinte. Il paroît dé-

B v

cidé qu'*opéra* s'écrit au nombre pluriel, de même qu'au fingulier, les *opéra*. On écrit auffi de la même manière un *ave Maria*, & tous les *ave Maria*. L'ufage ne dit prefque rien fur les autres noms terminés en *a* qui s'emploient rarement au pluriel.

Les noms fubftantifs de notre langue terminés au fingulier par un *e* quelconque, par un *i*, par un *ou*, ou par un *u*, prennent un *s* au pluriel.

Pour l'*e*, *bonté*, n. fingulier; *bonté-s*, n. pluriel; *homme*, n. fingulier; *homme-s*, n. pluriel.

Pour l'*i*, *cri*, n. fingulier; *cri-s*, n. pluriel; *défi*, n. fingulier; *défi-s*, n. pluriel.

Pour l'*o*, les noms fubftantifs terminés par un *o* au fingulier fe terminent de même au pluriel; un *numéro*, les *numéro*, un *zéro*, les *zéro*, un *duo*, les *duo*, &c.; excepté *écho*, dont *écho-s* eft le pluriel.

Pour l'*ou*, *trou*, n. fingulier; *trou-s*, n. pluriel; *clou*, n. fingulier; *clou-s*, n. pluriel.

Pour l'*u*, *vertu*, n. fing.; *vertu-s*, n. pluriel.

Les noms fubftantifs terminés par *eu* au fingulier, ont la lettre *x* pour carac-

tériftique au pluriel ; *feu*, n. fingulier ;
feu-x, n. pluriel ; *cheveu*, n. fingulier ;
cheveu-x, n. pluriel.

Les noms fubftantifs terminés au fingulier par *au*, ou par *eau*, fe terminent
au pluriel par un *x* ; *tuyau*, n. fingulier ;
tuyau-x, n. pluriel ; *bateau*, n. fingulier ;
bateau-x, n. pluriel.

Le nom fubftantif *loi* fait *loi-x* ; *roi-s*
eft le pluriel de *roi*.

Toutes les voyelles de l'alphabet font
auffi des noms fubftantifs ; mais leur
pluriel fe termine comme leur fingulier.
Un *a*, les *a* ; un *e*, les *e* ; un *i*, les *i* ; un
o, les *o* ; un *u*, les *u* ; un *ou*, les *ou* ; un
eu, les *eu*.

Nous avons vû à peu près toutes les
fortes de noms fubftantifs terminés au
fingulier par une voyelle quelconque ;
& il réfulte de nos obfervations que
quelques-uns de ces noms fubftantifs
ont leur pluriel terminé comme le fingulier ; tels font au moins la plupart des
noms fubftantifs François terminés en
a, en *o*, & toutes les voyelles de l'alphabet ; que les noms fubftantifs terminés au fingulier par *e*, *i*, *u*, *ou*, ont au
pluriel la lettre *s* pour caractériftique, &
que le *x* eft au nombre pluriel la der-
niere lettre des noms fubftantifs termi-

B vj

nés au singulier par *eu*, par *au*, ou par *eau*.

Nous avons encore deux autres especes de noms substantifs dans notre langue, les uns se terminent au singulier par la consonne *s*, les autres par une consonne autre que celle-là.

Les substantifs terminés au singulier par la consonne *s* ont le pluriel terminé de même. Le *secour-s*, n. singulier ; les *secour-s*, n. pluriel ; le *procè-s*, n. singulier ; les *procè-s*, n. pluriel ; le *sen-s* propre, n. singulier ; les divers *sen-s*, n. pluriel.

Les substantifs dont le singulier se termine en *x*, se terminent de même au pluriel. La *voi-x*, n. singulier ; les *voi-x*, n. pluriel ; le *pri-x*, n. singulier ; les *pri-x*, n. pluriel.

Les substantifs terminés au singulier par une autre consonne quelconque, forment leur pluriel par la simple addition d'un *s* à la fin du singulier. *Contentement*, n. singulier ; *contentement-s*, n. pluriel ; *abricot*, n. singulier ; *abricot-s*, n. pluriel ; *poirier*, n. singulier ; *poirier-s*, n. pluriel, excepté le substantif suranné *gent*, qui, passant au pluriel *gens*, perd la lettre finale du singulier, à la place de laquelle se met le *s* caractéristique.

Les subſtantifs terminés au ſingulier
par *ail*, & par *al*, forment leur pluriel
de deux manières ; les uns, comme tous
les autres noms ſubſtantifs, par la ſimple addition d'un *s*. *Eventail*, n. ſingulier ; *éventail-s*, n. pluriel ; *camail*, n.
ſingulier ; *camail-s*, n. pluriel ; *détail*,
n. ſingulier ; *détail-s*, n. pluriel ; *bal*, n.
ſingulier ; *bal-s*, n. pluriel ; *régal*, n.
ſingulier ; *régal-s* ; n. pluriel ; *carnaval*,
n. ſingulier ; *carnaval-s*, n. pluriel...
D'autres ont pour caractériſtiques les
lettres *a-u-x*. Le *bail*, les *baux* ; le *travail*, les *travaux* ; le *mal*, les *maux* ; l'*a-
nimal*, les *animaux*, &c.

Les ſubſtantifs *œil* & *ciel* forment leur
pluriel autrement quand ils ſont pris
dans le ſens propre, & autrement quand
ils ſont pris dans le ſens figuré. *Œil*, pris
dans le ſens propre, a pour pluriel *yeux*,
& pris dans le ſens figuré, ce ſubſtantif
a pour pluriel *œils*. J'ai deux *yeux*, ſens
propre : j'ai fait faire dans mon loge-
ment des *œils de bœuf*, ſens figuré...
Ciel, dans le ſens propre, fait au pluriel
cieux ; dans le ſens figuré ce ſubſtantif
fait au pluriel *ciels*. J'ai vu les *cieux* ou-
verts, ſens propre : mes *ciels* de lit ſont
propres, ſens figuré : ce peintre réuſſit
à faire les *ciels*, ſens figuré encore.

Tous les noms ſubſtantifs qui ſe terminent au ſingulier par une voyelle na-
ſale forment leur pluriel par l'addition
d'un *s* au ſingulier , tout un *an* , tous les
an-s ; le *cran* entaillure , les *cran-s ;* le
bien , les *bien-s ;* le *pain* , les *pain-s ;* la
maiſon , les *maiſon-s ;* le *pigeon* , les
*pigeon-s ; parfum , parfum-s ; tribun ,
tribun-s.*

Nous avons des noms ſubſtantifs qui
n'ont que le ſingulier , *eſpoir , eſſor ,
nage ,* &c. : d'autres n'ont que le pluriel ,
vêpres , ciſeaux de tailleur d'habits & de
couturiere , &c... Nous avons des noms
ſubſtantifs du genre féminin au pluriel ,
& du genre maſculin au ſingulier , *dé-
lices , amours ,* quand le mot *amours* ſi-
gnifie la paſſion d'aimer : *aigle* eſt des
deux genres.

Nous avons des noms ſubſtantifs di-
minutifs terminés en *et* , *livret , ſachet ;*
en *ette , femmelette , pochette ;* en *illon ,
oiſillon , cendrillon ;* en *ille , peccadille ;*
en *ole , beſtiole ;* en *eau , pigeonneau , din-
donneau , arbriſſeau ;* en *ule , corpuſcule ,
véſicule...* Nous avons auſſi quelques
ſubſtantifs augmentatifs, *ſçavantaſſe,* qui
ſçait mal beaucoup de choſes ; *richard ,*
qui a beaucoup de biens.

Nous avons des noms ſubſtantifs *col-*

lectifs , où désignant multitude , dont plusieurs se terminent en *aille* , & sont des termes de mépris , *ferraille* , *racaille* , *marmaille* , *mangeaille* , *coquinaille* , *valetaille*.

Les noms substantifs n'ont aucun signe auquel on puisse reconnoître qu'ils sont d'un genre , & non d'un autre. Voici à peu près les règles que les observations faites sur l'usage donnent lieu d'établir relativement au genre des substantifs.

Sont du genre masculin

Tous les noms terminés , 1°, par *a* , un *opéra* , le *falbala* , le *quinquina* : 2°, par *b* , le *plomb* , un *rumb* , le *radoub* : 3°, par *c* , le *bac* , grand bateau plat ; le *bec* , un *alambic* , un *pic* , *un aspic* , le *basilic* , herbe odoriférante , & serpent fort venimeux ; un *broc* , le *roc* , le *choc* , le *froc* , le *suc* , le *bouc* : 4°, par *d* , le *pied* ; le *Thalmud* , livre où les Juifs ont renfermé tout ce qui regarde l'explication de leur loi ; le *fard* , un *léopard* , un *regard* , un *patard* , un *sol* : 5°, par *g* , le *sang* , un *rang* , le *hareng* , &c. : 6°, par *l* , le *mal* , le *miel* , le *fil* , le *sol* , terroir considéré suivant sa qualité , & le *sol* , terme de musique ; le *recul* du ca-

non, &c.: 7°, par *m*, un *daim*, le *renom*;
le *parfum*, &c., excepté le subſtantif
faim: 8°, par *o*, un *ẓéro*, un *duo*, terme
de muſique, un *qui-pro-quo*, mépriſe,
un *écho*, &c.: 9°, par *p*, le *cap* de bonne
eſpérance; un *cep*, pied de vigne, le
galop d'un cheval, &c.: 10°, par *q*, un
cinq, un *coq*, &c.: 11°, par *ẓ*, le *Foreẓ*,
nom d'une contrée de France; *Rieẓ*,
| ville de France en Provence | n'eſt
pas fort *peuplé*; *Metẓ*, | ville de France
dans la Lorraine | eſt aſſez *grand*, &c.:
12°, par *acle*, le *ſpectacle*, le *receptacle*,
le *miracle*, &c, excepté *débacle*, départ
précipité de ce qui étoit comme fermé,
arrêté: 13°, par *ège* & *eige*, le *privilège*;
le *pleige*, caution judiciaire, &c, excepté *neige*, *Norwège*, & *drège*, filet
pour la pêche des ſoles & des turbots:
14°, par *ige*, le *vertige*, le *preſtige*, il-
luſion par ſortilège, le *prodige*, &c,
excepté *tige*: 15°, par *ême*, le *carême*,
le *ſyſtême*, le *problême*, &c, excepté
brême, poiſſon, & *crême*, lait: 16°, par
ôme, un *fantôme*; un *dôme*, terme d'ar-
chitècture; un *tôme*, terme de typo-
graphie, &c.

Sont du genre féminin

Tous les noms ſubſtantifs terminés;

1°, par *ée* , une *volée* de coups de ca-
non , toute une *armée* , une *échauffourée*,
entreprife téméraire , &c , excepté *hy-
ménée* : 2° , par *ance* , ou *ence* , la *reffemblance* , une *lance* , la *France* , la *préfé-
rence* , la corpulence , la *conféquence* , &c.:
3°., par *ille* , la *fille* , la *famille* , la *grille* ,
&c. : 4° , par *eille* , une *bouteille* , une
treille , efpèce de berceau , une *grofeille* ,
fruit , &c. : 5° , par *ouille* , une *citrouille*,
une *grenouille* , une *patrouille* , &c. :
6° , par *auche* , une *ébauche* , la *débauche* ,
la *fauche* , &c. : 7° , par *èche* , la *bèche* ,
inftrument , la *brèche* , la *bobèche* , le
trou d'un chandelier dans lequel on
met une chandelle , & le petit inftrument que l'on met dans le chandelier
pour empêcher que le fuif ne le gâte ,
&c. : 8° , par *iche* , une *biche* , une *cor-
niche* , terme d'architecture , une *niche* ,
&c. , excepté *hémiftiche* , moitié de vers :
9° , par *uche* , la *huche* , grand coffre de
bois , la *cruche* , la *merluche* , poiffon de
mer : 10° , par *erge* , la *ferge* , forte d'é-
toffe foie & laine ; la *berge* , rive efcar-
pée ; la *flamberge* , c'eft ainfi qu'on appelle par raillerie une épée , &c. : 11° ,
par *ierge* , une *vierge* , &c , excepté
cierge : 12° , par *ie* , la *vie* , la *bonhom-
mie* , la *maladie* , &c , excepté *incendie* ,

13°, par *ampe*, la *rampe*, une *eſtampe*; image gravée, la *lampe*, &c.: 14°, par *angue*, la *langue*, la *harangue*, &c.: 15°, par *angle*, la *ſangle*, &c, excepté *angle*, terme de géométrie: 16°, par *ime*, la *cime* d'une maiſon, la partie la plus élevée; la *rime* dans les vers, la *lime* du ſerrurier, &c, excepté *crime* & *abîme*: 17°, par *enne*, ou *ène*, ſans accent; une *antenne*, terme de marine; la *garenne*, une *ſcène*, la *gangrène*, &c, excepté *phénomène*, *phalène*, papillon nocturne: 18°, par *une*, la *dune*, hauteur de pierre, de terre, ou de ſable; la *fortune*, la *lune*, &c.: 19°, par *ape*, ou *appe*, la *rape*, une *trappe*, une *nappe*, &c, excepté *Pape*, *Priape*, *Eſculape*, & peut-être quelques noms propres encore: 20°, par *upe*, une *dupe*, homme ou femme trompé; une *jupe*: 21°, par *iſe*, une *chemiſe*, une *ceriſe*, une *valiſe*, &c.: 22°, par *oiſe*, une *toiſe*, meſure de ſix pieds, une *framboiſe*, fruit, &c.: 23°, par *uſe*, une *buſe*, oiſeau de proie qu'on ne peut apprivoiſer; la *céruſe*, eſpèce d'onguent blanc; la *ruſe*, &c.

Sont des deux genres dans des ſens différents

Barbe maſculin, cheval; *barbe* féminin, poil; *somme* m. sommeil; *somme* f. quantité d'argent; *livre* m. volume; *livre* f. poids; *poële* m. fourneau à échauffer; *poële* f. instrument pour fricasser, &c.

Quoique je n'aie peut-être pas fait mention de toutes les exceptions des règles qui viennent d'être établies, les règles n'en seront pas moins utiles pour la pratique. J'aurois pû ajouter encore deux accidents aux trois que nous avons reconnus dans le nom substantif; sçavoir, *l'espèce* & la *figure*, la *primitivité*, si l'on peut parler de la sorte, & la *dérivation*, la *simplicité* & la *composition*. Nous n'avons considéré que les noms substantifs *primitifs*, parce que les dérivés se forment des adjectifs, & qu'il faut avoir traité des adjectifs avant que de rien dire des substantifs qui s'en forment. Je n'ai pas rangé non plus dans une classe particulière les substantifs composés, parce que tout ce que nous avons observé sur les substantifs simples s'étend pareillement sur les autres. Il sera bon de remarquer ici que nous avons deux sortes de *noms substantifs composés;* les uns supposent dans notre langue un substantif simple qu'ils représentent avec une nuance de compofition, qui ne fert qu'à différencier l'identité radicale de leur fignification ; les autres exiftent, quoiqu'il n'exifte point de fubftantif fimple qu'ils puiffent repréfenter. De la première efpèce font les fubftantifs compofés *prédécès, déraifon, réimpreffion*, qui repréfentent *impreffion, raifon, décès* : de la feconde efpèce doivent être *prévention, prévenance, reliure*, puifque *liure, venance, vention*, n'exiftent point dans notre langue.

Du nom ADJECTIF.

Le nom adjectif défigne la manière d'être du nom fubftantif, ou le nom fubftantif modifié ; tout adjectif fuppofe un fubftantif, *il faut être pour être tel.* Ce que nous avons à confidérer dans le nom adjectif, c'eft fa nature, fa divifion, & fes accidents ; nous en avons déja expofé la nature.

De la DIVISION *du nom adjectif.*

Pour divifer exactement le nom adjectif, il feroit néceffaire d'affigner toutes les fortes de qualités, de manières, & de relations que notre efprit peut confidérer dans les objets, ce qui eft très-difficile. La première & la plus générale divifion du nom adjectif eſt en adjectif *phyſique*, & en adjectif *métaphy-ſique*. Il ne peut être que d'une très-grande utilité de concevoir d'abord que nous ne connoiſſons pas les objets en eux-mêmes ; nous ne ſommes pas en eux, ils ne ſont pas non plus en nous ; nous ne les connoiſſons que par les impreſſions qu'ils font ſur nos ſens. Ils affectent ou nos yeux, de-là les qualifications de *blancs* ou de *noirs*, &c, que nous leur donnons ; ou notre *goût*, de-là les qualifications de *doux*, ou *d'a-mers*, &c ; ou notre tact, de-là les qualifications de *durs*, ou de *mous*, &c. : ces qualifications c'eſt ce que nous nommons adjectifs *phyſiques*. Les objets n'ont rien de ſemblable au ſentiment de plaiſir ou de douleur qu'ils excitent en nous. Nous qualifions les objets phyſiques en conſéquence des impreſſions qu'ils font ſur nos ſens ; nous qualifions les objets métaphyſiques & abſtraits en conſéquence de quelque conſidération de notre eſprit à leur égard. Les adjectifs qui expriment ces ſortes de vûes ou de conſidérations, nous les appellons adjectifs *métaphyſiques*. Il y a vingt chaiſes rangées autour de cette ſalle ; vous commencez à les compter par un bout, je commence à les compter par le bout oppofé ; la chaife qui fera la *première* , felon votre manière de calculer, fera la *dernière* felon la mienne ; & celle qui fera la *première* , felon mon calcul, fera la *dernière* felon le vôtre : ce qui prouve que les qualités de *première* , *dernière* , &c , ne font point des qualités permanentes des objets : ce ne font donc point des adjectifs *phyfiques* , ce font des adjectifs de relation à notre manière différente d'envifager les mêmes objets : ce font donc des adjectifs *métaphyfiques* de nombre ordinal , c'eft-à-dire , de ce nombre où l'ordre de *priorité* & de *poftériorité* eft obfervé. *Deux* , *trois* , *quatre* , &c , font des adjectifs *métaphyfiques* de nombre cardinal , c'eft-à-dire , de ce nombre fur lequel eft fondé le nombre ordinal. *Troifième* n'eft , que parce qu'il y a trois , ou individus, ou efpèces , ou genres : il en eft de même de quatrième , &c. *Deux* , *trois* , *quatre* , &c , font des adjectifs *métaphyfiques* , parce que tout ce qui eft phyfique eft *un* , eft un individu...... *Premier* , *fecond* , *troifième* , &c ; *deux* , *trois* , *quatre* , &c , font des adjectifs , parce qu'ils qualifient des fubftantifs. Un fubftantif eft qualifié quand la valeur , l'ac-

ception en font fixées , étendues , ou,
reftraintes ; en forte pourtant que l'adjectif & le fubftantif, pris enfemble, pré-
fentent toujours un même objet à l'efprit. Or cette fixation , cette étendue ,
cette reftriction , ont lieu ou enfemble ,
ou féparément , par rapport aux adjectifs métaphyfiques énoncés , & à énoncer dans la fuite.

Mon , ma ; ton , ta ; fon, fa, &c, adjectifs *métaphyfiques ,* défignant un rapport d'appartenance ou de propriété....
Grand & petit , adjectifs *métaphyfiques.*
Un corps n'eft ni grand ni petit en lui-
même ; s'il n'exiftoit qu'un feul corps ,
il ne feroit ni grand ni petit. Un corps
n'eft ni grand ni petit que par comparaifon, par excès, ou par défaut... Qu'il
n'exifte que deux corps, qu'ils foient
comparés l'un avec l'autre par fuperpofition, que de la fuperpofition il réfulte
égalité , qui exclut l'excès & le défaut ,
on ne peut dire ni de l'un ni de l'autre
corps qu'il foit grand ou petit : au con-
traire , en cas que de la fuperpofition il
réfulte un excès, & conféquemment un
défaut , on dira du corps qui excède
qu'il eft *grand ;* mais on ne dira point
qu'il eft plus *grand* que celui dans lequel
le défaut fe trouve ; il faudroit pour cela

que celui qui eſt en défaut ſe trouvât en excès relativement à quelque autre. J'ai vû des corps comparés avec d'autres corps ; les corps qui excédoient quelques autres, je les ai entendu appeller *grands* ; les corps qui n'égaloient point quelques autres, je les ai entendu appeller *petits* : les deux impreſſions, celle d'excès, & celle de défaut, ont été différentes ; la perception de cette différence, laquelle perception n'eſt point dans les corps, mais dans l'eſprit, a donné lieu d'inventer les noms de *grand*, *plus grand*, *petit*, *moindre* : noms adjectifs *métaphyſiques*, puiſque ce ſont des vûes ou des conſidérations de l'eſprit, & non des qualités permanentes des corps… *Différent*, *ſemblable*, adjectifs *métaphyſiques*. Il n'y a point dans la nature deux êtres qui diffèrent entierement, comme il n'y en a pas deux qui entierement ſe reſſemblent ; la différence entière excluroit l'exiſtence ou la poſſibilité d'exiſter, & par conſéquent l'idée *d'être* ; ainſi que l'entière reſſemblance excluroit l'idée de *deux* en donnant celle d'identité, ou *d'un*.

J'apperçois un enfant, & un petit chien ; j'apperçois que tous les deux végètent, ſe meuvent, vivent, ont des ſenſations ;

fenfations ; voilà leur point de réunion :
j'apperçois que l'enfant exprime fes
idées, & que le petit chien n'en exprime
pas, ou, pour mieux dire, qu'il n'en a
point ; voilà leur point de féparation.
La perception de ce point de réunion
a fait inventer le nom de *femblable*, &
la perception du point de féparation le
nom de *différent*. *Semblable* & *différent*
font donc deux perceptions de l'ame,
& conféquemment appartiennent à la
métaphyfique : ce font deux adjectifs,
puifque ce font deux noms qui qualifient l'enfant & le petit chien ; ce font
donc deux adjectifs *métaphyfiques*......

Tout, *nul*, *quelque*, *aucun*, *chaque*,
tel, *quel*, *certain*, *ce*, *cet*, *cette*, *le*, *la*, *les*,
&c, véritables adjectifs *métaphyfiques* ;
ils modifient les fubftantifs, ils les font
regarder fous des points de vue particuliers.

Des ACCIDENTS du nom adjectif.

Les accidents du nom adjectif font
le *fens propre*, le *fens figuré*, le *nombre*,
le *genre*, les *dégrés de comparaifon*, ou
de *qualification*, l'*efpèce* & la *figure* : ce
qui fignifie que le nom adjectif eft employé pour qualifier ou le nom fubftantif, pour la qualification duquel il a été

inftitué, ou un nom fubftantif, pour la qualification duquel il n'a pas été établi ; voilà le fens propre & le fens figuré : qu'il fert à qualifier un feul fubftantif, ou plus d'un , voilà le nombre : qu'il qualifie un fubftantif, ou plus d'un fubftantif de l'efpèce qui eft ou mâle , ou femelle , foit *réellement* , foit par extenfion , par imitation , par *adaptation* , voilà le genre : qu'il dénote des qualificatifs qui conviennent *également* ou *inégalement* à plufieurs fubftantifs ; voilà les degrés de comparaifon ou de fignification : qu'il défigne un qualificatif *primitif*, ou *dérivé* , voilà l'efpèce : qu'il exprime une manière d'être par un terme *fimple* , ou par un terme *compofé* , voilà la figure.

Sens propre , fens figuré de l'adjectif.

Noir , *noire* , *profond* , *fléxible* , *riant* , *riante* , font des adjectifs. Habit *noir* , encre *noire*, puits *profond*, ofier *fléxible*, homme *riant* , femme *riante* ; les adjectifs y font pris dans le fens propre.

Ame *noire* , génie *profond* , efprit *fléxible* , campagne *riante* ; les adjectifs y font pris dans le fens figuré. L'ame n'a point de couleur , le génie n'a aucune des trois dimenfions du corps ; les pro-

priétés de la matière ne conviennent
point à l'efprit , comme celles de l'homme ne conviennent point à la campa-
gne : ainfi *noir* , *profond* , *fléxible* , *riant* ,
ont leur fens propre dans le premier
exemple , & un fens figuré ou d'imitation dans le fecond.

Du NOMBRE du nom adjectif.

Le nombre fingulier ne fouffre aucune difficulté , il fuffit d'ouvrir un dic-
tionnaire pour le fçavoir; attachons nos
réflexions au nombre pluriel. Ou le
nom adjectif a la terminaifon féminine ,
ou il a la terminaifon mafculine. Le pluriel du nom adjectif , qui a la terminaifon féminine , fe forme toujours unifor-
mément ; ajoutez un *s* à la terminaifon
féminine du nombre fingulier , & vous
formez le pluriel. *Noire* , *verte* , *blanche* ,
rouffe , paffent au pluriel par la feule
addition d'un *s* final , *noire-s* , *verte-s* ,
blanche-s , *rouffe-s*.

Le pluriel du nom adjectif , qui a pour
terminaifon mafculine un *e* muet , fe
forme toujours avec la même uniformité
& de la même manière , par la feule
addition d'un *s* à la fin : *fidèle* , *fage* ,
utile , *commode* , *agréable* , *honnête* adjectifs mafculins , n'ont befoin que de

s'ajouter à la fin un *s*, pour être au pluriel *fidèle-s*, *sage-s*, *utile-s*, *commode-s*, *agréable-s*, *honnête-s*, &c. Il en est de même de tous les noms adjectifs masculins dont le singulier est terminé par une voyelle quelconque, *pure* ou *nasale*, *sensé*, *joli*, *bourru*, *mou*, *bleu*, *vain*, *bon*, *commun* au nombre singulier, *sensé-s*, *joli-s*, *bourru-s*, *mou-s*, *bleu-s*, *vain-s*, *bon-s*, *commun-s*, au nombre pluriel.

Les noms adjectifs masculins, terminés au singulier par une consonne quelconque, ont la lettre *s* pour caractéristique ou pour marque du pluriel, *blanc*, *blanc-s*; *grec*, *grec-s*: *public*, *public-s*; *turc*, *turc-s*; *bavard*, *bavard-s*; *verd*, *verd-s*; *lourd*, *lourd-s*; *neuf*, *neuf-s*; *vif*, *vif-s*; *long*, *long-s*; *naturel*, *naturel-s*; *pareil*, *pareil-s*; *subtil*, *subtil-s*; *grossier*, *grossier-s*; *dur*, *dur-s*; *délicat*, *délicat-s*; *net*, *net-s*; *subit*, *subit-s*; *sot*, *sot-s*; *saint*, *saint-s*, &c.

La plupart des noms adjectifs masculins, terminés au singulier par *al*, ont leur pluriel terminé en *aux*; *rural*, *ruraux*; *nuptial*, *nuptiaux*; *royal*, *royaux*, &c. Ne comprenez point dans la règle générale de la formation du pluriel, par rapport aux noms adjectifs masculins, l'adjectif *tout*, qui, au pluriel, quitte le *t* final & le remplace par un *s*, *tout*, *tou-s*. Quelques-uns exceptent encore de la règle les adjectifs masculins *crud* & *nud* qu'ils écrivent au pluriel fans *d*, *crus*, *nus*.

Les noms adjectifs masculins, terminés au singulier par un *s* ou par un *x*, fe terminent de même au pluriel, *précis*, *concis*, au singulier & au pluriel : *précis* regarde la penfée ; *concis*, l'énonciation. Nous fommes *précis*, lorfque notre penfée n'embraffe que fon objet, & l'embraffe tout entier. Nous fommes *concis*, lorfque nous donnons à notre élocution toute la briéveté poffible, en n'employant que les fignes abfolument néceffaires... *Malheureux*, *onéreux*, au fingulier & au plurier. Il eft *malheureux*, ce font des *malheureux*. *Malheureux*, dans cette dernière phrafe, fignifie quelquefois des *infortunés* & quelquefois des *coquins*... *Onéreux*, qui excite, à peu près, la même idée que *lourd*, *pefant*, femble dénoter moins la pefanteur naturelle que la pefanteur figurée. On dit très-bien, cet emploi eft, ces emplois font *onéreux* ; on ne dit point, ce ballot eft *onéreux*, *lourd* eft l'adjectif de ce ballot qui pèfe beaucoup.

Tous les adjectifs phyfiques, qui

qualifient des fubftantifs du nombre pluriel, prennent l'une des deux lettres qui caractérifent le pluriel des noms, la lettre *s* ou la lettre *x*; la lettre *s* prefque toujours. Il n'en eft pas de même de quelques adjectifs *métaphyfiques* de nombre cardinal : *quatre*, par exemple, *cinq*, *fept*, *huit*, *neuf*, *onze*, &c. ne prennent jamais de *s* . . . *cent* & *vingt*, précédés d'un nombre cardinal autre qu'*un*, finiffent par *s* : *trois cent-s hommes*, *quatrevingt-s enfants*, à moins que *cent* & *vingt*, précédés d'un nombre cardinal ne foient fuivis d'un autre nombre de la même efpèce. Dans *trois cent cinquante hommes*, *quatrevingt-dix enfants*, on écrit *cent* & *vingt* fans *s* final, à caufe des nombres cardinaux *cinquante* & *dix* qui viennent après. . . . . *Mille*, nombre cardinal, ne fe termine jamais par un *s*, *trois mille* fans *s* à la fin de *mille* . . . *Mille*, manière dont on compte les diftances en Italie, admet la lettre *s* caractériftique du pluriel des noms, quand *mille* eft précédé d'un nom de nombre cardinal, autre qu'*un*, *deux milles*, *trois milles d'Italie* . . . Dans une date *mille*, nombre cardinal devient nombre ordinal, & s'écrit *mil* : la même chofe fe pratique par rapport aux autres

nombres cardinaux qui font regardés
comme des noms de nombre ordinal ,
quoiqu'ils s'écrivent tout au long , l'an
mil-fept-cent, c'eft-à-dire, l'an *millième-*
feptième-centième . . . Les noms de nombre ordinal, précédés d'un nom de
nombre cardinal , à l'exception d'un ,
admettent la lettre *s* caractériftique du
pluriel , *deux cinquièmes* , *trois feptièmes* ,
quatre onzièmes . . . . Nous n'avons que
quatre noms de nombre cardinal qui fe
terminent par *s* ou par *x* , *deux* , *trois* ,
fix & *dix*.

Du GENRE *du nom adjectif.*

Si les noms adjectifs ne changeoient
point de terminaifon dans le même nombre, ils n'auroient point de genre. Le genre des noms fubftantifs eft un genre de
fignification qui indique l'efpèce mâle ou
femelle. Le genre des noms adjectifs
eft un genre de *terminaifon* qui défigne ,
fans équivoque , qu'un qualificatif fe
rapporte à l'une des deux efpèces , &
non à l'autre.

Tous nos adjectifs font terminés ou
par un *e* muet, ou par une autre voyelle
quelconque , ou par une confonne : je
parle de la première terminaifon des
adjectifs.

C iv

Les noms adjectifs, terminés par un
muet, ne désignent par eux-mêmes
que la qualification d'un substantif quelconque. C'est pourquoi ces adjectifs,
qu'on dit être de tout genre, n'ont
aucun genre de *terminaison*, aucune
terminaison qui fasse distinguer l'espèce
dont il s'agit. *Imbécille*, *crédule*, indiquent un substantif qui n'a pas assez de
force, & qui a trop de foi ; mais chacun
de ces adjectifs qui s'adapte à une
femme comme à un homme, ne dési-
gne par sa terminaison, toujours la
même au nombre singulier, ni une
femme, ni un homme déterminément :
c'est l'un des deux, ce n'est ni l'un ni
l'autre, nul signe qui fixe l'espèce... Il
en est autrement des adjectifs terminés
par une voyelle quelconque différente
de l'*e* muet & par une consonne. Ces
adjectifs, par leur définence qui varie
dans le même nombre, montrent sans
ambiguité l'espèce qu'ils qualifient. L'*e*
muet, qui n'est ni leur unique ni leur
première terminaison, est le signe auquel on reconnoît que le substantif qu'ils
modifient est du genre féminin : le
genre masculin est représenté par toutes
leurs autres terminaisons. Vous lisez
sensé, *sensée* ; *veuf*, *veuve* ; *sensé* doit

vous mettre devant les yeux un homm^e
quelconque qui juge bien ; *fenfée*, un^e
femme quelconque qui juge fainement:
veuf, un homme quelconque dont la
femme eft morte ; *veuve*, une femme
quelconque que la mort a féparée d'avec
fon mari.

La première terminaifon du nom
adjectif forme le genre mafcu'in ; le
genre féminin fe forme du mafculin.
Tous nos adjectifs ont pour première
terminaifon ou un *e* muet, ou une
autre voyelle quelconque , ou une
confonne ; & , pour feconde terminaifon, toujours un *e* muet. Ceux qui ont
pour première terminaifon un *e* muet,
n'ont que cette terminaifon unique,
ont les deux genres, & n'en ont aucun.
Les adjectifs dont la première terminaifon eft une autre voyelle quelconque,
acquièrent par la feule addition d'un *e*
muet la feconde terminaifon, ou la
forme nouvelle qui repréfente le genre
féminin.

Senfé, *fenfé-e*, f. *joli*, *joli-e*, f. *bourru*,
bourru-e, f. *bleu*, *bleu-e* f. *vain*, *vain-e*, f.
commun, *commun-e*, f. &c. la fyllabe
qui étoit nafale dans le genre mafculin,
devient pure dans la feconde terminaifon.

C v

Les adjectifs, dont la première terminaison est un *c*, forment de deux manières la seconde terminaison ou le genre féminin, ajoutant *he* à la première terminaison, *blanc*, *blanc-he*, f. *franc*, *franc-he*, f. *sec*, *sec-he*, f. & en changeant la lettre finale de la première terminaison en *que*, *public*, *publi-que*, f. *turc*, *tur que*, f. *caduc*, *cadu-que*, f. *grec*, dans sa seconde terminaison, conserve la lettre finale de la première, & ajoute *que*, *grec-que*, f.

Les adjectifs terminés au genre masculin par un *d*, forment la seconde terminaison par la simple addition d'un *e* muet : *grand*, *grand-e*, f. *froid*, *froid-e*, f. *fécond*, *fécond-e*, f. *babillard*, *babillard-e*, f. excepté *nud* & *crud* dont le féminin est *nue* & *crue*.

Les adjectifs qui ont un *f* pour première désinence, changent, dans la seconde, l'articulation forte en articulation foible, *vif*, *vi-ve*, f. *neuf*, *neu-ve*, f. *captif*, *capti-ve*, f. *oisif*, *oisi-ve*, f.

Les adjectifs terminés au genre masculin par un *g*, ajoutent à cette lettre *ue* dans le féminin : *long*, *long-ue*.

Les adjectifs terminés par *al* ou par *il* au masculin, forment le féminin en ajoutant simplement l'e muet : *égal*,

égal-e , f. *fatal , fatal-e* , f. , *vil , vil-e* , f.
fubtil , fubtil - e , f.

Les adjectifs terminés au mafculin
par *el , eil , ol , ul , an , ien , on ,*
doublent la finale , pour former le
féminin : *naturel , naturel-le* , f. *vermeil ,*
vermeil - le , f. fol , fol - le , f. *nul , nul-le* , f.
payfan , payfan - ne , f. *mien , mien - ne* , f.
bon , bon-ne , f. La réduplication de la
même confonne marque communément
la brièveté de la fyllabe.

Les adjectifs terminés au mafculin
par *ain , ein , in , & un ,* ont l'e muet
pour caractériftique du féminin : *vain ,*
vain - e , f. *plein , plein - e* , f. *fin , fin - e* , f.
commun , commun-e , f. excepté *bénin &*
malin , dont le féminin fe termine en
gne , béni - gne , f. *mali - gne* , f.

Les adjectifs dont la première terminaifon eft en *r ,* forment la feconde en ajoutant l'e muet : *groffier , groffier - e* , f. *dur ,*
dur - e , f. &c. excepté quelques noms adjectifs en *eur,* qui forment le genre fémin.
en *fe , ice & effe : trompeur , trompeu-fe ,* f.
acteur , actr - ice , f. *vengeur , venger-effe* , f.

L'e muet , fimplement ajouté , forme
les féminins des noms adjectifs , qui ont
la lettre *s* pour définence du mafculin :
gris , grif - e , f. *mauvais , mauvaif - e* , f.
nclus , incluf - e , f. &c. excepté les

adjectifs *gros*, *gras*, *épais*, *bas*, *las*, qui doublent la confonne *s* : *grof-fe*, f. *graf-fe*, f. *épaif-fe*, f. *baf-fe*, f. *laf-fe*, f. vous excepterez encore l'adjectif *frais*, qui fait *fraîche* au féminin, & *abfous*, qui fait *abfoute*; *diffous*, *diffoute*.

Le même *e* muet, fimplement ajouté à la première terminaifon, forme le genre féminin des noms adjectifs qui ont la lettre *t* pour finale : *délicat*, *délicat-e*, f. *fubit*, *fubit-e*, f. *dévot*, *dévot-e*, f. *fufpect*, *fufpect-e*, f. excepté les adjectifs *muet*, *fujet*, &c. qui doublent la finale *t*, *muet-te*, f. *fujet-te*, f.

Changez en *fe* la finale des adjectifs terminés en *x*, pour en former le féminin : *heureux*, *heureu-fe*, f. *hideux*, *hideu-fe*, f. *orageux*, *orageu-fe*, f. excepté, *roux*, *doux*, *faux*, qui doublent la confonne *f* au féminin, *rouf-fe*, *dou-ce*, f. qui fe prononce comme s'il y avoit deux *ff*, & *fauffe*, f.

Des DÉGRÉS DE COMPARAISON ou de qualification des noms adjectifs.

On diftingue trois fortes de dégrés de comparaifon, ou, pour mieux dire, de qualification & de fignification dans les noms adjectifs, le *pofitif*, le *comparatif* & le *fuperlatif*. Le *pofitif* marque fim-

plement, & fans relation à d'autres mo-
dificatifs, la qualité d'un objet quelconque : *bon*, *mauvais*, *petit*, appartiennent
au pofitif. Le *comparatif* défigne tout
au moins deux objets qualifiés & comparés enfemble ; de forte que l'un des
deux, par fon qualificatif de même efpèce ou d'efpèce différente, l'emporte
fur l'autre : *bon*, *meilleur*, *mauvais* ;
pire, *petit*, *moindre*, conftituent le dégré comparatif, ce qu'on peut vérita-
blement appeller ainfi. Le *fuperlatif*
dont l'étymologie confifte dans les
mots *fuper* au-deffus & *latus* porté, ce
qui fignifie qualité portée au fuprême
dégré de *plus* ou de *moins*, indique le
qualificatif étendu autant qu'il puiffe
l'être dans fon efpèce de *bon*, de *mauvais*, de *petit*, &c.

Nous avons indubitablement des
adjectifs *pofitifs* : je l'ai démontré en
faifant voir que nous avions des noms
qui en qualifioient d'autres. Avons-
nous également des adjectifs *comparatifs*
& des adjectifs *fuperlatifs* ? C'eft ce que
nous allons examiner.

Ce que les grammairiens Grec &
Latins ont nommé *comparatifs* & *fuperlatifs*, ce font des adjectifs, qui, par des
terminaifons particulières propres à cha-

que dégré & différentes de celle du *pofitif*, dénotent des qualificatifs comparés
avec d'autres qualificatifs , & en *excès*
ou en *défaut* par rapport à ces autres.

Les adjectifs de la langue Latine n'ont
pas une terminaifon deftinée à marquer
le rapport d'*égalité* : ces adjectifs , par
des terminaifons caractériftiques , marquent feulement les rapports d'*excès* &
de *défaut* entre les termes comparés.

Il eft certain que nous avons des
fignes auxquels nous faifons reconnoître
l'*excès*, le *défaut*, l'*égalité* des termes
que nous comparons. L'adverbe *plus*
eft le figne de l'*excès*; l'adverbe *moins*
celui du *défaut* ; la conjonction *auffi*
celui de l'*égalité*.

L'adverbe *plus*, précédé des articles
le, *la*, ou *les* ; l'adverbe *fort*, que nous
formons par contraction de l'adverbe
fortement; l'adverbe *bien*, & la particule prépofitive inféparable *très*, venant
de *ter* trois fois, font les fignes du
fuperlatif qui eft un vrai *comparatif*
dans le fonds. *Le chêne eft plus dur que
le fapin ; le fapin eft moins durable que
le chêne ; le fapin eft auffi bon que le chêne
pour la conftruction de certains ouvrages.*
Ces trois propofitions offrent le *chêne*
& le *fapin* comparés : dans la première,

le chêne a , relativement au fapin , un *excès de dureté* énoncé par l'adjectif *dur* précédé de l'adverbe *plus* : Dans la feconde , le fapin a par rapport au chêne un *défaut de durabilité* , fi l'on peut parler ainfi , énoncé par l'adjectif pofitif *durable* précédé de l'adverbe *moins* : dans la troifième , le chêne & le fapin ont un rapport d'*égalité* d'*apti-tude* énoncé par l'adjectif pofitif *bon* précédé de la conjonction *auffi. Le lion eft le plus courageux des animaux ; le mouton eft un animal fort doux ; le renard eft un animal bien rufé ; le finge eft un animal très-plaifant.* Dans la première propofition, l'adverbe *plus* , précédé de l'article *le*, dans les deux fuivantes les adverbes *fort*, *bien* , & , dans la dernière la particule prépofitive inféparable *très*, font les fignes du *fuperlatif* qui eft un vrai *comparatif* dans la réalité. La com-paraifon eft frappante dans le premier exemple du fuperlatif ; elle n'eft pas moins réelle dans les exemples fuivants, quoiqu'elle foit moins explicite. Les adverbes *fort* , *bien* , & la particule prépofitive inféparable *très* ajoutent au pofitif, marquent conféquemment quel-que chofe de plus , ou un *excès* : or tout *excès* dit comparaifon.

Nous avons l'équivalent philosophi-que des *comparatifs* & des *superlatifs*, c'est-à-dire, qu'en employant plusieurs expressions, nous énonçons les qualifi-catifs qui sont en *excès* ou en *défaut;* Mais nous n'avons ni comparatif ni superlatif grammatical, parce que nos adjectifs n'ont aucune terminaison destinée à exciter l'idée de l'*excès* ou du *défaut* d'une modification comparée. Nous avons trois terminaisons emprun-tées du Latin qui marquent le compara-tif, *meilleur,* dont le positif est *bon,* & qui vient de *melior ; pire,* qui a *mauvais* pour positif, & *pejor* pour racine : *moindre,* qui a *minor* pour étymologie, & *petit* pour positif. Nous avons à peu près autant de terminaisons empruntées de l'Italien, qui désignent le superlatif : *illustrissime, révérendissime, excellentissi-me, éminentissime, sérénissime,* les posi-tifs Italiens en sont *illustre, reverendo, eccellente, eminente, sereno.*

De l'ESPÉCE, & de la FIGURE du nom adjectif.

Blanc, *noir, rouge, verd, jaune,* &c. sont des adjectifs primitifs ; *parisien, romain, humain, marin, céleste, marital,* &c. sont des adjectifs dérivés de *Paris ,*

Rome, *homme*, *mer*, *ciel*, *mari* ; *digne*, *fortuné*, *fidèle*, *fécond*, *raisonnable*, *légitime*, *noble*, &c. sont des adjectifs simples ; *indigne*, *infortuné*, *infidèle*, *infécond*, *déraisonnable*, *illégitime*, *ignoble*, &c. sont des adjectifs composés, dont la signification est toujours différente, par quelque endroit, de celle des adjectifs simples. Quand un adjectif est de l'espèce des adjectifs dérivés, la connoissance de son radical ne peut être que très-utile, la valeur du substantif radical connue sert à donner celle de l'adjectif dérivé. Nous avons des adjectifs composés, dont le simple ou n'est point usité ou n'existe point. Tels sont les adjectifs *octogénaire*, *nonagénaire*, *antérieur*, *postérieur*, *préliminaire*, *ingrat*, *impie*, *prématuré*, *apathique* qui signifie sans passion, indifférent ; *analogue*, qui signifie ressemblant, proportionné ; *néologue*, un homme ou une femme affectant un nouveau langage.

Du SUBSTANTIF pris adjectivement, & de l'ADJECTIF pris substantivement.

Notre langue a des substantifs qui se prennent adjectivement, & des adjectifs qui se prennent substantivement.

Un substantif est pris adjectivement, quand il est employé à qualifier un autre

fubftantif : un adjeétif eft pris fubftantivement, quand, feul, il eft employé ou à
défigner *l'objet dont on juge*, le fujet de la
propofition, ou *l'objet qui reçoit l'aétion
d'un verbe*, ou *l'objet qui eft le complément
d'une prépofition quelconque*. Dans cette
propofition, *le roi eft philofophe*, le
fubftantif *philofophe* eft pris adjeétivement, parce qu'il marque ce que le roi
eft, que *philofophe* eft la qualité du roi :
le nom *roi* eft pris fubftantivement,
parce qu'il indique l'objet dont on juge,
le fujet de la propofition. Dans cette
autre propofition, différente, *le philofophe eft roi*, le fubftantif *roi* eft pris
adjeétivement, parce qu'il qualifie le
philofophe ; le *philofophe* eft pris fubftantivement, parce qu'il y a un nom par
lequel il eft qualifié. Ce qui eft qualifié,
nous l'appellons *fubftantif ;* nous nommons *adjeétif* ce qui qualifie. Dans ces
trois propofitions, *le vrai eft aimable,
je cherche le vrai, je cours après le beau,
vrai & beau* font pris fubftantivement.
Dans la première, *vrai* eft qualifié par
aimable ; dans la feconde, *vrai* défigne
l'objet fur lequel fe porte mon aétion de
chercher. Dans la troifième, *beau* eft le
complément de la prépofition *après.*
Cette prépofition, ainfi que toutes les
autres prépofitions, tourne l'efprit vers

deux objets ; vers l'objet dont on juge, vers le fujet de la propofition qui eft avant, & vers un autre objet qui vient après ; l'objet qui vient après complète le fens ; on l'appelle, à caufe de cela, le *complément* de la prépofition. Si je m'arrête après avoir dit *je cours après*, votre efprit n'eft pas fatisfait, vous me demandez *après quoi* ; la prépofition *après*, comme toutes les autres prépofitions, exige un objet pour complément, j'ajoute *le beau* à la prépofition *après ; le beau* vous fait entendre *ce* après quoi je cours.

Du *SUBSTANTIF* & de l'*ADJECTIF* pris adverbialement.

Nous nous difons les uns aux autres, *parlons bon fens, parlons raifon*. *Parler bon fens*, revient à parler *felon le bon fens* ; *parler raifon* fignifie parler *felon la raifon*. Or, parler *felon le bon fens* & *felon la raifon*, équivaut à parler *fenfément* & *raifonnablement*. *Sens* & *raifon*, qui font deux fubftantifs, font donc pris adverbialement dans les deux énonciations précédentes. Tout adverbe renferme implicitement une prépofition & un complément quelconque ; & toute prépofition quelconque, fuivie d'un complément, est équivalemment un adverbe.

Chanter *juste*, chanter *faux*, voir *clair*, voir *trouble*, penser *creux*, penser *fort*, dans ces phrases & dans les semblables, les adjectifs sont pris adverbialement. Chanter *juste*, chanter *faux*, signifient chanter *avec justesse*, chanter *d'un ton faux* : voir *clair*, voir *trouble*, signifient voir *avec clarté*, voir *d'un œil trouble* : penser *creux*, penser *fort*, signifient penser *d'une manière creuse*, penser *avec force*. Remarquez que vous trouvez par tout les prépositions *avec* ou *de* suivie de leurs compléments respectifs ; & qu'*avec justesse*, *d'un ton faux*, *avec clarté*, *d'un œil trouble*, *d'une manière creuse*, *avec force*, reviennent à *justement*, *faussement*, *clairement*, *confusément*, *profondément*, *fortement*.

DE LA POSITION DES ADJECTIFS.

Nous séparons quelquefois, par des mots intermédiaires, l'adjectif & le substantif ; quelquefois il n'y a aucun mot interposé qui les sépare. Il n'est indifférent, ni dans le premier cas ni dans le second, de placer l'adjectif avant ou après le substantif.

L'adjectif est séparé du substantif, ou

dans la construction naturelle, ou dans la construction figurée. Dans la construction *naturelle* l'adjectif n'est séparé de son substantif que par le verbe *substantif , ou abstrait être* , ou par quelques autres verbes pris à peu près dans le même sens. Dans cette proposition , *Dieu est éternel* , les mots sont en construction naturelle , c'est-à-dire , qu'ils sont dans l'ordre de leurs rapports successifs. Cet ordre demande que l'objet dont on juge soit placé le premier ; que le mot marquant l'affirmation de l'esprit occupe le second rang , & que le nom qui dénote ce qui est affirmé de l'objet dont on juge , vienne en dernier lieu. *Dieu* , objet dont on juge , est le premier mot ; *est* , marque de l'affirmation , le second ; *éternel* , qualité affirmée de Dieu , le troisième. Dans la construction *figurée* , qui est celle où les mots ne sont point placés dans l'ordre de leurs rapports successifs , l'adjectif & le substantif se trouvent séparés quelquefois , parce qu'on interpose quelque *modificatif adverbe* entre l'un & l'autre. Dans ces deux énonciations qui appartiennent à la construction figurée ,

L'homme tout à la fois *heureux & malheureux* , *Heureux & malheureux* tout à la fois , *celui* , &c ;

les adjectifs *heureux* & *malheureux* font
féparés de leurs fubftantifs *homme* & *ce-*
lui par l'expreffion adverbiale *tout à la*
fois.

Il réfulte de ce que je viens de dire
que l'adjectif, féparé du fubftantif, fe
met toujours après le fubftantif dans la
conftruction naturelle ; & que dans la
conftruction figurée l'adjectif, féparé du
fubftantif, fe met quelquefois avant le
fubftantif, quelquefois après.

Quand il n'y a aucun mot interpofé
qui fépare l'adjectif & le fubftantif, nous
avons des adjectifs qui fe mettent toujours avant les fubftantifs ; nous en
avons qui fe mettent toujours après ;
nous en avons qui fe mettent avant ou
après indifféremment.

On met toujours avant les fubftantifs
les adjectifs métaphyfiques fuivants,
grand, *petit*, *bon*, *mauvais*, *brave*, *beau*,
jufte, *faint*, *jeune*, *vieux*, *cher*, *gros*,
&c ; *grand* hableur, ou parleur, *petit*
étourdi, *bon* enfant, *mauvais* poëte,
brave foldat, *beau* teint, coloris du vi-
fage, *jufte* prix, *faint* homme, *jeune* li-
bertin, *vieux* pécheur, *cher* ami, *gros*
cochon, &c.

Les fubftantifs font auffi toujours précédés de ces autres adjectifs métaphy-

fiques , *le* , *la* , *les* , *certain* , *quelque* , *ce* ,
cet , *un* , *tout* , *chaque* , *tel* , *quel* , *fon* ,
fa , *fes* , *votre* , *nos* , *leurs* , &c ; *le* châ-
teau , *la* maifon , *les* appartements , *cer-*
tain juif , *quelque* chofe , *ce* maître , *cet*
officier , *un* tambour , *tout* animal , *cha-*
que capitaine , *tel* régiment , *quel* corps ,
fon emploi , *fa* fonction , *fes* devoirs ,
votre zèle , *nos* foins , *leurs* embarras ,
&c.

Les adjectifs de nombre *cardinal* précèdent toujours les fubftantifs ; *deux* la-
pins , *trois* faifans , efpèce de coqs fau-
vages , *quatre* gendarmes , cinq cara-
biniers , &c.

Les adjectifs de nombre *ordinal* précèdent les fubftantifs *appellatifs* com-
muns , ou *d'efpèce ; premier* homme , *fe-*
conde rue , *troifième* perfonne , &c , excepté le nombre *ordinal* qui défigne des
noms *propres* , ou des fubftantifs dé-
notant par eux-mèmes des individus,
François *premier* , Charles *fept* , Louis
quinze , *&c* : on emploie même dans ce
dernier cas le nombre *cardinal* au lieu
de *l'ordinal*… On dit dans les citations,
livre *premier* , chapitre *fecond* , page
troifième ; hors de-là , *premier* livre ,
fecond chapitre , *troifième* page…

Nous avons des adjectifs qui fe met-

tent toujours après les fubftantifs, tels
font les adjectifs qui défignent quelque
couleur, *rouge*, *noir*, *verd*, *bleu* & habit *rouge*, bas *noir*, tapis *verd*, mou-
choir *bleu*, &c... Nous avons une forte
de proverbe qui dit *blanc bonnet*, ou
bonnet blanc, ce qui femble établir qu'on
peut mettre indifféremment l'adjectif
blanc avant ou après le fubftantif *bonnet*.
Voici comment ces paroles doivent être
entendues : l'adjectif *blanc* peut être mis
arbitrairement avant ou après le fubftantif *bonnet*, à ne confidérer que le
fens ; à confidérer l'ufage, l'adjectif *blanc*
fera toujours mis après le fubftantif *bonnet*. Deux hommes, dont l'un me dira
j'ai acheté un blanc bonnet ; l'autre, *j'ai
acheté un bonnet blanc*, exciteront dans
mon efprit la même idée, avec cette
différence, que l'énonciation du dernier
me paroîtra marquée au coin de l'ufage,
& que l'énonciation du premier me cho-
quera, parce qu'elle n'eft pas frappée à
ce coin, par fa *pérégrinité*... L'ufage
veut cependant qu'on dife *blanc-bec*,
qui fignifie, dans le premier fens figuré,
un menton que la barbe n'ombrage pas
encore ; dans un fens figuré, plus éloigné encore du fens propre, un jeune
homme fans expérience. *Blanc-être*,
terme

terme d'exploitation de bois ; *blanc-manger* , terme de *gastrologie* ou de cuisine , parce que chacune de ces expressions composées est regardée comme une expression unique.

Les adjectifs qui désignent une figure quelconque se mettent après les substantifs ; tels sont les adjectifs, *quarré* , *rond* , *triangulaire* , *pyramidal* , *ovale* , &c ; une planche *quarrée* , une table *ronde* , un jardin *triangulaire* , un bâtiment *pyramidal* , une tabatière *ovale* , &c.

Les adjectifs participes sont toujours placés après les substantifs dans la construction naturelle, l'homme *chéri* , la vertu *estimée* , le fer *battu* , le mérite *délaissé* , &c.

On place toujours après les substantifs les adjectifs qui marquent des noms de nation , *Italien* , *François* , *Espagnol* , *Allemand* ; la musique *Italienne* , la politesse *Françoise* , la gravité *Espagnole* , la bravoure *Allemande* , &c.

Les adjectifs qui indiquent des qualités élémentaires ou physiques sont précédés de leurs substantifs , *froid* , *chaud* , *humide* , *sec* , *dur* , *mou* , & temps *froid* , temps *chaud* , terrein *humide* , terrein *sec* , corps *dur* , corps *mou* , &c.

Les adjectifs terminés en *ique* peuvent

D

tous , & doivent la plupart ſe mettre
après les ſubſtantifs , eſprit *pacifique* ,
homme *magnifique* , circonſtance *criti-que* , auteur *claſſique* , &c.

Nous avons des adjectifs qui , pris
dans le ſens propre , ſuivent leurs ſubſtantifs , & qui , dans le ſens figuré , les
précèdent. Homme *pauvre* , c'eſt-à-dire
privé de biens , ſens propre : *pauvre*
homme , c'eſt-à-dire homme ſans eſ-
prit , ſens figuré : fruit *mûr* , fruit ſur lequel le ſoleil , ou une autre cauſe quelconque a eu tout le temps néceſſaire d'a-
gir pour le dépouiller de ſon acidité ,
pour le rendre flatteur au goût , & propre à la digeſtion , ſens propre : *mûre*
délibération , délibération qui n'a pas
été priſe précipitamment , qu'a précé-
dée un examen ſuffiſant des raiſons
pour & *contre* , ſens figuré.

Quelques adjectifs de notre langue ,
mis avant ou après certains ſubſtantifs ,
font un ſens particulier. *Galant* homme ,
honnête homme , *plaiſant* homme , *groſſe*
femme , *ſage* femme , *certaine* nouvelle ;
ces énonciations marquent d'autres
idées que les énonciations ſuivantes ,
homme *galant* , homme *honnête* , homme *plaiſant* , femme *groſſe* , femme *ſage* ,
nouvelle *certaine*... *Galant* homme ſi-

gnifié un homme droit ; *honnête* homme , un homme d'honneur & de pro-
bité ; *plaisant* homme , un homme ridicule ; *grosse* femme , une femme chargée
de cuisine ; *sage* femme , une accou-
cheuse ; *certaine* nouvelle , une nouvelle
qu'on ne détermine pas ; au lieu que
par homme *galant* on entend un homme
qui cherche à plaire aux dames ; par
homme *honnête* , un homme poli dans
ses discours & dans ses manières ; par
homme *plaisant* , un homme qui amuse ;
par femme *grosse* , une femme enceinte ;
par femme *sage* , une femme exacte à
remplir ses devoirs ; par nouvelle *cer-*
taine , une nouvelle dont on ne peut pas
douter.

Le nom substantif qui énonce une
qualité n'est pas un adjectif. *Rougeur* ,
qui exprime une qualité , est un terme
abstrait & *métaphysique* , énonçant une
vûe particuliere de l'esprit , qui consi-
dère la qualité indépendamment de
toute application particulière.

Nous avons des adjectifs qu'on met
indifféremment avant ou après les substantifs. On dit également bien *sçavant*
homme , homme *sçavant* ; *habile* chirurgien , chirurgien *habile* ; *tendre* père ,
père *tendre* ; *suprême* dignité , dignité

suprême ; *profond* théologien , théologien *profond*. C'eſt au reſte *l'euphonie*
qui doit décider des cas dans leſquels
l'antériorité ou la poſtériorité conviennent mieux à ces ſortes d'adjeĉtifs ;
c'eſt-à-dire , qu'on les placera avant ou
après , ſelon qu'on jugera que l'oreille
en ſera plus agréablement affeĉtée.

Des Substantifs & des Adjectifs ſynonimes , ou prétendus ſynonimes.

Qu'entend-on par les mots ſynonimes? Peut-il y en avoir dans une langue?
Avons-nous des ſubſtantifs & des adjeĉtifs ſynonimes dans la nôtre? Les
ſynonimes marqueroient-ils la richeſſe
d'une langue quelconque? Il n'y a que
ces quatre objets à conſidérer dans cet
article.

Par ſynonimes on entend des mots
qui ſont différents , eu égard au maté-
riel , & les mêmes , eu égard à la ſignification , ou des ſons différents différemment repréſentés , & excitant la
même idée. *Theos* , mot Grec ; *Deus* ,
mot Latin ; *Iddio* , mot Italien ; *Dieu* ,
mot François , font penſer également
à l'être néceſſaire , & cependant pro-
duiſent différents ſons qu'on écrit différemment. *Artos* , expreſſion Grecque ;

panis, expreſſion Latine ; *pane*, expreſſion Italienne ; *pain*, expreſſion Françoiſe, tracent auſſi dans l'eſprit l'image
de la même nourriture, quoique les
ſons & la manière de les peindre ſoient
différents. *Thuris*, terme Grec ; *feneſtra*,
terme Latin; *fineſtra*, terme Italien ; *ven-
tana*, terme Eſpagnol ; *janella*, terme
Portugais; *fenêtre*, terme François, ſont
des ſons différents différemment écrits,
qui font naître pareillement l'idée d'une
ouverture pratiquée pour éclairer un
appartement. Il ne s'agit point des langues différentes comparées enſemble,
parmi leſquelles il ſe trouve une eſpèce
de *ſynonimie*, relativement au même objet qu'elles énoncent par différents ſignes.

Dans une même langue peut-il y
avoir des ſynonimes ? C'eſt ce que nous
avons à examiner d'abord.

Le père Thomaſſin dit que les Arabes
ont mille noms pour ſignifier une épée,
& quatre-vingts noms pour ſignifier un
lion. Il peut donc y avoir des *ſynonimes*
dans une langue : ce qui *eſt* eſt poſſible,
puiſque l'impoſſible n'eſt point. Le
père Thomaſſin ne décide point, à la
vérité, que les mille noms déſignant
une épée, & les quatre-vingts noms dé-

fignant un lion , indiquent une épée &
un lion, confidérés de la même manière
dans les mille quatre-vingts circonftances ; ce qui feroit néceffaire pour établir
l'exiftence des mille noms fynonimes
deftinés à indiquer une épée , & des
quatre-vingts noms deftinés à indiquer
un lion : car fi les neuf cent quatre-
vingt-dix-neuf noms qui repréfentent
une épée offrent neuf cent quatre-vingt-
dix-neuf idées acceffoires ou différentes , & que les foixante-dix-neuf noms
qui repréfentent un lion offrent autant
d'idées de la même forte , ce n'eft plus
le cas de la *fynonimie.* Des neuf cent
quatre-vingt-dix-neuf noms de l'épée,
les dix premiers peuvent indiquer dix
matières différentes qui fervent à la fa-
briquer ; les dix noms fuivants , dix
formes dont elle eft fufceptible ; les
dix d'après , dix grandeurs qu'on lui
donne à fon gré ; les dix autres , dix
ufages divers auxquels elle eft deftinée , &c... Les foixante-dix-neuf noms
du lion diftingueront le lion dans le
ventre de fa mère , le lion né , le lion
qui tette , le lion fevré , ou qui ne tette
plus , le lion premier né , le lion né
après un autre , le lion jeune , le lion
vieilli , le lion en fanté , le lion infirme,

&c ; ce fera toujours une épée, ce fera toujours un lion ; mais une épée différente, & un lion différent : ce fera toujours la même idée principale, c'eft-à-dire, le même objet apperçu ; mais ce feront des idées acceffoires différentes, c'eft-à-dire, les mêmes objets apperçus fous différents rapports, foit à la matière, foit à la forme, &c. foit à l'état, foit à l'âge, &c. Par l'idée principale, ou première, notre efprit voit l'objet ; par l'idée acceffoire, ou fecondaire, notre efprit voit encore l'objet, mais revêtu de certaines circonftances qui ajoutent à la première fignification. *Porter... apporter*, *emporter*, *reporter*, *rapporter*, *tranfporter*, *fupporter*, *comporter*, *remporter* ; ces huit derniers verbes marquent la même action, ou le même objet que le premier. *Porter*, qui eft le premier, dénote l'action fans aucune circonftance, *ou l'idée principale* : les huit autres dénotent la même action, ou *l'idée principale* avec huit nuances qui la différencient. *Apporter*, c'eft porter en avant, porter vers quelqu'un ou vers quelque endroit : *emporter*, c'eft porter dans quelque chofe, & avec une efpèce de violence : *reporter*, c'eft porter une feconde fois : *rapporter*,

c'eſt porter en arrière : *tranſporter* , c'eſt
porter au-delà : *ſupporter* , c'eſt porter
ſur ſoi : *comporter* , c'eſt porter avec :
remporter , c'eſt porter en arrière avec
violence. Vous voyez que l'idée principale fait toujours la baſe de toutes ces
ſignifications , & qu'il y a toujours quelques circonſtances qui y ajoutent ; ces
circonſtances on les appelle *idées acceſſoires.*

La poſſibilité des ſynonimes ne ré-
pugne pas plus qu'il n'y a de contradic-
tion à ce que le Roi ſe montre ſucceſ-
ſivement ſous différents habits ; le Roi
eſt la figure de la penſée ; les habits
différents ſont celle des mots *ſynonimes.*
Quoiqu'il puiſſe y en avoir dans une
langue , avons - nous des ſubſtantifs &
des adjectifs *ſynonimes* dans la nôtre ?

M. l'abbé Girard dans ſes *Synonimes
François* que j'admire , & M. Dumarſais
dans ſes *Tropes* , que je n'admire pas
moins , ſoutiennent la négative : il ſem-
ble que l'affirmative ſoit le ſentiment
du père Lami dans ſon *Art de parler* ,
vrai chef-d'œuvre. Comme ce dernier
auteur n'appuie ſon opinion que ſur un
ſimple raiſonnement , & que les deux
autres donnent à la leur pour appui,
non ſeulement le raiſonnement le plus

énergique , mais encore l'analyse philosophique des mots qui passent pour
être synonimes , j'aurois moins de peine
à m'éloigner de la manière de penser
du père Lamy , qu'à me résoudre à
penser sur cet objet autrement que M.
l'abbé Girard & M. Dumarsais... Nous
avons des noms substantifs & des noms
adjectifs qui sont à peu près synonimes ;
nous n'en avons peut-être pas qui le
soient parfaitement.

Lueur , clarté , splendeur , trois noms
substantifs qui passent pour être synonimes , les trois marquent la lumière.
Lueur , une lumière foible : *clarté ,* une
lumière forte : *splendeur ,* la lumière la
plus forte. L'idée principale que les trois
noms excitent est la même , c'est l'idée
de la lumière : les idées accessoires sont
différentes ; il y a de la différence entre
foible , fort , & très-fort...

Malin , mauvais , méchant , malicieux ,
quatre noms adjectifs qu'on regarde
comme synonimes , & qui ne le sont pas.
Le *malin* l'est de sang-froid , il est rusé :
le *mauvais* l'est par emportement , il est
violent : le *méchant* l'est par tempéra-
ment , il est dangereux : le *malicieux*
l'est par caprice , il est obstiné. Le singe
est *malin ;* le coq est *mauvais ;* les hom-

mes ſont *méchants* ; les femmes ſont
malicieuſes. *Nuire* eſt l'idée principale
que font naître les quatre adjectifs, *de
ſang-froid* , *par emportement* , *par tempé-
rament* , *par caprice* ſont les idées
acceſſoires qui ne ſe reſſemblent point.
Les exemples de ces prétendus ſynonimes je les ai tirés des *Synonimes François* , ouvrage qu'un homme mûr ne
peut jamais lire qu'avec fruit , & qu'un
jeune homme lira toujours avec une
ſorte de danger ; je veux dire que la
lecture de cet ouvrage excellent, quoique peut-être un peu trop métaphyſi-
que , ſera capable de rendre un jeune
homme *froid* , *timide* , & *ſtérile* , ſoit
lorſqu'il aura à parler, ſoit lorſqu'il écri-
ra. Je ne penſe pas ainſi de *l'Art de
Parler* & des *Tropes* , que je crois faits
pour tous les âges , pour tous les états ,
& pour tous les ſiècles.

    Les *ſynonimes* marqueroient-ils la ri-
cheſſe d'une langue quelconque ? Il eſt
certain que les ſynonimes rendroient
d'abord une langue quelconque plus
agréable tout à la fois & plus embar-
raſſante : *plus agréable* , parce qu'on uſe-
roit rarement de répétitions, & qu'ayant
à choiſir on aſſortiroit les expreſſions
beaucoup plus heureuſement : *plus em-*

barraſſante, parce que, ſi à l'exemple des Arabes, on avoit mille ſignes pour exprimer un ſeul objet, l'étude de tous les ſignes d'un ſeul objet abſorberoi't laborieuſement des années entières. Il eſt vrai que les ſynonimes introduiroient dans une langue la pluralité des mots ; eſt-ce par la quantité ſeule, par la ſeule multitude des mots, ou bien par leur quantité & par leur qualité qu'on doit eſtimer la richeſſe d'une langue ?

Une langue qui auroit autant de mots qu'une autre, & qui, avec la même quantité de mots, exprimeroit une fois moins d'idées, ſeroit une fois moins riche. Suppoſons deux langues, chacune de deux mille mots, dont l'une exprime deux mille idées, l'autre mille ſeulement. Celle qui n'exprime que mille idées eſt une fois moins riche que celle qui en exprime deux mille. Les ſons ne font pas une langue ; ce qui fait une langue ce ſont les ſons *ſignes arbitraires des penſées :* dix ſons qui n'exprimeroient qu'une ſeule penſée, équivaudroit à un ſeul ſon qui exprimeroit la même choſe. La communication ou la tranſmiſſion *des penſées* eſt le but des langues.

Etre trop facile ſur les termes qu'on regarde comme ſynonimes a ſes incon-

vénients : *être trop difficile* fur ce même
point a auffi les fiens. Quand on eft
trop facile , on court rifque de manquer
de juftefe, de n'être point concis, &
de n'énoncer que *l'à peu près :* quand
on eft trop difficile , on eft fûr d'en-
nuyer en ne variant pas affez fon expreffion , en employant des termes def-
titués d'harmonie qui bleffent toujours
la délicatefe de l'oreille, & en refufant
à fon difcours la chaleur qu'on devroit
y répandre. Heureux qui peut fe con-
tenir entre les deux extrémités ! Les
partifans des fynonimes font gens qui
ont toute leur ame dans leurs oreilles, &
qui rachètent leur difette *de penfées* par
une prodigalité d'expreffions vaines : les
antagoniftes des mêmes fynonimes s'a-
dreffent trop directement à l'ame , &
ne confidèrent pas affez les *fens* , feul
milieu qui y conduife.

Des *Substantifs* & des *Adjectifs* homonymes.

Par fubftantifs & par adjectifs *homonymes* on entend une pluralité d'objets,
ou de qualificatifs d'objets énoncée par
un feul nom. Le même nom donné à
différents objets fait les *homonymes.* Nous

avons des noms fubftantifs *homonymes*
ou qui portent le même nom , des noms
adjectifs *homonymes* , des mots *homony-*
mes , qui font fubftantifs & adjectifs en
même temps ; des fubftantifs & des adjectifs qui ne font *homonymes* que dans
la langue parlée , ou relativement au
feul fon.

   Coin , *coin* , *coin* , trois fubftantifs *ho-*
monymes , ou ayant le même nom. *Coin*
fignifie un angle , *coin* fignifie une pièce
de fer ou de bois , *coin* fignifie le fruit
d'un arbre qu'on appelle *coignaffier*. Les
trois objets fignifiés font différents , le
même nom défigne les trois objets ou
les trois fubftantifs. *Vain* , *vain* , *vain* ,
trois adjectifs ayant le même nom ou
homonymes. *Vain* fignifie une perfonne
qui a de la vanité , *vain* fignifie une
chofe inutile , *vain* fignifie lourd.

   C'eft un homme *vain* , ou qui veut
que tout le monde l'eftime ; vous faites
un effort des plus *vains* , ou des plus
inutiles ; il fait un temps *vain* , ou
pefant : ceci ne fe dit qu'en ftyle fami-
lier.

   Son , *fon* encore fubftantifs & *fon* adjectif métaphyfique , trois *homonymes*
fubftantifs & adjectifs en même temps.
Son , bruit que fait une cloche , *fon* la

partie la plus grossière du bled moulu ,
son œil , l'œil de lui ou d'elle.

Pain , *pin* substantifs *homonymes* relativement au seul son qui est le même.
Pain signifie une nourriture , *pin* un
arbre ; le son est ce que ces deux substantifs ont de commun.

Vin , *vain* , substantifs & adjectifs *homonymes* dans la langue parlée seule-
ment. *Vin* liqueur , *vain* qui veut forcer
tout le monde à l'estimer,

Plus une langue a d'*homonymes* , plus
elle est équivoque; les homonymes sont
donc un défaut dans une langue. *Equi-
voque* est ce qui ne signifie pas plus un
objet qu'un autre , ce qui signifie également deux ou plus de deux objets ,
sans fixer l'esprit sur aucun d'entre eux
déterminément.

Je croirai avoir laissé très-peu de cho-
ses à dire sur le *nom* , lorsque j'aurai ajouté que toutes les parties du discours se
prennent quelquefois *nominalement* , ou
peuvent s'employer comme des noms.
Pour le prouver il me suffira d'avancer ,
ce que personne ne contestera , qu'il n'y
a aucune partie du discours qui ne serve
même souvent de sujet à une proposition. Toutes les parties du discours se
définissent , on affirme conséquemment

de toutes les parties du discours ce qu'elles sont ; la partie dont on affirme est celle dont on juge ; celle dont on juge est le sujet ; le sujet est un nom, ou un mot quelconque employé *nominalement.*

Hors de la définition même, on prend *nominalement* toutes les parties du discours. *Ecrire* vaut mieux pour moi que jouer ; *car* a pensé être proscrit de notre langue ; *sans* est une préposition ; *hélas* différe de hola, &c.

Ces quatre exemples présentent l'interjection *hélas*, la préposition *sans*, la conjonction *car*, & le verbe *écrire* nominalement employés.

J'ai moins oublié que différé de parler du *genre des noms de villes* : c'est un article intéressant, difficile & curieux : *intéressant*, il est d'usage journalier ; *difficile*, il ne présente nulle part rien de décidé ; *curieux*, il devroit donner lieu à établir quelques règles. J'ai consulté nos *Varrons*, nos *Quintiliens*, & nos *Sanctius*, qui ont commencé & fini par mêler leurs doutes avec les doutes que j'avois.

Les noms de villes sont terminés par l'*e* muet, par une autre voyelle quelconque, ou par une consonne.

Les noms des villes terminés par l'*e*
muet sont ceux qui causent le plus d'embarras par rapport à leur *genre*.... Les
noms de cette sorte sont-ils toujours du
genre féminin ? Sont-ils quelquefois du
genre féminin ? quelquefois du genre
opposé ? Quels sont les noms de villes
terminés par l'e muet auxquels le genre
féminin s'adapte ? Quels sont ceux auxquels s'adapte le genre masculin ? Doit-
on dire Londres a été *brûlée*, ou *brûlé*?
Dresde a été *prise*, ou *pris*? Rome a
été *saccagée*, ou *saccagé*? Il semble qu'il
ne faille pas dire Rome a été *saccagé*,
mais *saccagée*, & qu'il faille dire au con-
traire Dresde a été *pris*, & non *prise*.
Pourquoi dans des noms de villes terminés également par l'e muet, cette différence de genre ? Viendroit-elle du
genre étymologique de *Roma*, &c....
On dit *tout* Rome assure, c'est ce qu'assure *toute* la Rochelle ; pourquoi *Rome*
du genre masculin, dans cette circons-
tance, tandis que *la Rochelle* est du genre
féminin ? Est-ce à cause de l'article féminin *la* qui attire la terminaison féminine *toute* ? Mais pourquoi l'article
féminin *la* au lieu de l'article masculin
le avant le nom *Rochelle* ? Pourquoi un
article quelconque ? Seroit-ce conjec-

turer fi mal que de penfer qu'on dit par *ellipfe la Rochelle , la Fere , la Ferté , le Mans , le Havre , tout Rome , toute la Rochelle ,* pour la *ville de* Rochelle , la *ville de* Fere , la *ville de* Ferté , le *bourg de* Mans , le *canton de* Havre , tout *habitant de* Rome , toute la *ville de* Rochelle , &c. Il eft vrai qu'on n'en a pas plus pour cela la folution de la difficulté qu'on cherche à lever relativement au genre des noms propres de villes terminés par l'*e* muet.

Les noms de villes terminés par une autre voyelle quelconque , ou par une confonne , font du genre mafculin. Paris eft *grand ,* Orléans eft mal *pavé ,* Poitiers eft prefque *défert ,* Bordeaux eft très-*peuplé ,* Pau eft *éloigné* de Paris , &c. Nous difons Jérufalem a été *détruit ,* quoique nous difions d'un autre côté , *la Sainte Jerufalem.* Dans l'énonciation *la Sainte Jérufalem ,* il y a *ellipfe* du nom *ville ,* & de la prépofition *de ,* la fainte *ville de* Jérufalem.

Les noms de villes terminés par l'*e* muet de quel genre font-ils donc? Après avoir interrogé l'oracle ordinaire , l'*ufage conftant ,* je n'ai pu découvrir aucune régle générale ; mes efforts, quoique fuperflus , ne l'auront pas été entière-

ment, s'ils engagent quelqu'un à en faire
de plus heurenx.

A P P R O B A T I O N.

J'A 1 lu par ordre de Monseigneur le Chance-
lier *la Grammaire Françoise philosophique* : je
crois que l'impression n'en peut être que très-
utile au public. A Paris ce 12 Septembre
1760. DEPASSE.

www.ingramcontent.com/pod-product-compliance
Lightning Source LLC
Chambersburg PA
CBHW070859280326
41934CB00008B/1511